選択しないという選択

CHOOSING NOT TO CHOOSE: UNDERSTANDING THE VALUE OF CHOICE

――ビッグデータで変わる「自由」のかたち

著 キャス・サンスティーン

訳 伊達尚美

keiso shobo

CHOOSING NOT TO CHOOSE

Japanese translation rights arranged with
THE WYLIE AGENCY (UK) LTD.

エドナ・ウルマン＝マルガリートをしのんで

若い魚が二匹、並んで泳いでいたところ、反対方向に泳いでいく年上の魚と出くわした。年上の魚は会釈して「おはよう。水の按配はどうだね？」といった。若い魚はしばらく泳ぎ続けたあとで、一匹がもう一匹を見て聞いた。「水ってなんだ？」

——デビッド・フォスター・ウォレス

「快適さなんて欲しくない。欲しいのは神です。詩です。本物の危険です。自由です。美徳です。そして罪悪です」

「要するにきみは」とムスタファ・モンドは言った。「不幸になる権利を要求しているわけだ」

「ああ、それでけっこう」ジョンは挑むように言った。「僕は不幸になる権利を要求しているんです」

「もちろん、老いて醜くなり無力になる権利、梅毒や癌になる権利、食べ物がなくて飢える権利、シラミにたかられる権利、明日をも知れぬ絶えざる不安の中で生きる権利、腸チフスになる権利、あらゆる種類の筆舌に尽くしがたい苦痛にさいなまれる権利もだね」

長い沈黙が流れた。

「僕はそういうもの全部を要求します」ようやくジョンはそう言った。

——オルダス・ハクスリー著『すばらしい新世界』（黒原敏行訳、光文社）

目次

はじめに　1

序章　選択　7

第Ⅰ部　人間の行動

第1章　デフォルトで決定する　30

第2章　とりあえず選択する　58

第Ⅱ部　道徳と政策

第3章　情報を与えられた選択者と悪いデフォルト　76

第4章　選択を受け入れる　94
第5章　選択を要求するパターナリズム　122

第Ⅲ部　未　来

第6章　個別化　166
第7章　デフォルトであなたのもの？——予測可能な買い物　185
第8章　強　制　200
結　論　デフォルトによる自由　217

謝　辞　223
解　説　大屋雄裕　227

※本文内の〔　〕は訳注。

はじめに

　選択できるということは多くの場合、途方もない利益をもたらす一種の恩恵であるが、同時に多大な負担を強いる一種の災いにもなりうる。時間と注意力は貴重であり、たとえ自分の利益や価値が脅かされるとしても、すべてに注意を向けてはいられない。自分に影響を及ぼすあらゆるものごとについて選ばなければならないとしたら閉口するだろう。学習は高くつくことがあり、つねに楽しいとは限らない。ときには選択しないことを選択して自由を行使することで、われわれの福祉が向上することもある。選択しないという選択によって自分のための時間と空間が生まれ、本当に関心のあることに注意を向けられるようになる。本書ではこの主張が正しいことを証明する一方で、その限界を明らかにする。

　たしかに、人はたいてい選択することを好む。自由を愛する社会では選択に対する願望が尊ばれる。あなたは自分で選ばないかぎり、スニーカーや携帯電話や本や自動車を所有することはない。さらに選択の多くは受動的でなく能動的になされる。何かを手に入れるには、自分の願望を伝えなければならない。あなたが新しい電気自動車や海辺の家を買いたがっている、あるいは若いミュージシャンの読者向けの雑誌を購読したがっているなどと、企業が勝手に決めつけることは許されない。あなたは自分の意思をはっきりと示さなければならない。これは自由の重要な要素である。政治や社会の領域でも同じである。あなたがどのように投票したいかを推測したり、デフォルトであなたに現職の候補者を支持させることはできない。自由な社会では、宗教も政治信条も配偶者も自分で選ぶことになっている。

自由を尊重する国では、つぎの二点は真理であるようだ。第一に、あなたは選択する機会を与えられる。第二に、あなたは選択しなければならない。

いずれもある程度は正しく、どうして正しいのかをこれから詳しく見ていく。同時に、その裏側についても詳しく探る。選択しないことを選択するのは人が行為主体性を示す一つの方法である。人は明確に選択しないことを選択して、政府、雇用主、助言者、友人、あるいは配偶者に特定の権限を委ねるかもしれない。GPSナビを使うとき、あなたは事実上、代わりにルートを選んでもらっている。GPSナビがデフォルトのルートを示し、それを無視したければ無視してもよい。また権限の委任は暗黙のうちに行われることもある。特定の選択については自分で判断したくないと誰もが気づいているのかもしれない。われわれはよく「あなたが決めてくださいよ」と思ったり、口にしたりする（ときには熱心に、ときにはいらだちながら）。状況次第で、そのほうが気楽なこともあるのだ。

ウェブサイトで「今後、このダイアログボックスを表示しない」という項目をチェックするように求められて、進んでチェックする人は多い。役所や病院で何枚もの複写式の用紙に記入させられると、ひどくイライラして、せめてその一部でも誰かが代わりに選択してくれたらと思うかもしれない（公的および民間の組織が、記入の必要な用紙の数をいっきに減らしてくれれば、ずっと楽になるだろう）。よく知らない町でタクシーに乗って、どのルートにするか選ぶように運転手にいわれたら、客に聞かないで、運転手がいいと思うルートにしてほしいと思うかもしれない（友人と食事の約束をするときは、相手に店を選ばせずに、あなたが場所を提案するほうが気がきいている）。

これと関連する話がある。生活の場にはわれわれが必ずしも選択権を行使しないまま、デフォルトで所有しているものがあふれている。「デフォルトでの判断」は生活のあらゆる場に見られる（たいていはすばらしい）特徴である。あなたは携帯電話の機種を自分で選んだとしても、その電話の機能をすべて自分で選んではおらず、デフォルトで設定されている機能がたくさんあり、その設定の多くは変えたければ自分で変えられる。特定の雇用主のもとで働くことになれば、とくに選ばなくても健康保険プラン、退職プラン、そしていくつかの権利と義務が用意されている可能性がある（これも変更できるかもしれない）。大学生であれば、デフォルト・ルールがあなたと大学との関係を決める。ある種の想定、すなわちデフォルト・ルールが用意されているという意味で、無数の判断がデフォルトで下されており、その影響を受ける人々はその判断を無効にすることができる。

以上のことがらと富と貧困の問題には密接なつながりがある。あなたが裕福であり、豊かな国もしくは健全に機能している国に住んでいるなら、あなたの社会的背景は申し分のないもので、社会的背景を良好な状態にするために時間と注意を割く必要がないという意味で、あなたはデフォルトによって自由だということになる。あなたが貧しいか、貧しい国もしくはまともに機能していない国に住んでいるならば、あなたの社会的背景は申し分ないとはいえず、そのせいで、裕福な人あるいは豊かな国や健全に機能している国に暮らす人なら心配しなくてよい諸問題に注意を向けざるをえないという意味で、あなたの自由はひどく損なわれている。この場合は自由のない状態がデフォルトとなる。あなたは少なくとも実際には鎖につながれていなくても、鎖につながれて生活しているように感じ始めるかもしれない。貧しい暮らしはコストがかかり、そのコストの一つは認知にかかわる。注意を向けなければならない問題の多さ、そして生活を営むことの難しさが、自分の個人的成長や専門的能力の開発を含め、最も関心のある、気になる問題に集中する能力を低下させ、あるいは喪失させることさえある。時間がなければ自由はなくなる。刑務所に服役することを英語で「時間に奉仕する（serving time）」と表現するのは偶然ではない。

以上の主張は、本質的に時間を超越した普遍的な真実のつもりである。これは人間性にかかわる主張だ。しかしながら現代に特有の、より差し迫った主張がある。世界はいま、桁外れの技術の進歩のまっただ中にあり、デフォルト・ルールの性質も、また選択とデフォルトの関係も、かなり流動的である。歴史上、どの時代にも増して「正確なところ、あなたは何が欲しいのか？」と問いかけることが容易になった。健康保険、旅行の好み、投資、コンピュータの設定など、どんな質問であれ、無数の領域で能動的選択が可能である。従来は人に頼るしかなかった場面、あるいはなんらかのデフォルトに従っていた場面で、いまは自分で決められるようになった。

これとはまったく対照的な発展が見られ、これもまた現代に起きていることだ。歴史上どの時代にも増して、いまは個々人の状況にあわせてデフォルトをカスタマイズできるようになった。若いか高齢か、男か女か、長身か小柄か、太っているか痩せているか、裕福か貧乏か、高等教育を受けているかどうかに関係なく、あなた個人のためのデフォルトを設定できる。それ以上のことも可能だ。あなたがジョン・スミスであろうとメアリー・ウィリアムズであろうと、あなたについて知っていることにもとづいて、またあなたが過去に行った選択の総合的な理解、すなわちプロフィールにもとづいて、あなただけに合わせたデフォルトを設定できるのだ。いくつもの選択をしたあとでは、またたった一つもしくは二、三の選択をしただけでも、生活の多くの領域に及ぶ、一連の個別化したデフォルト・ルールが用意されていることにあなたは気づくかもしれない。予測ショッピングというシステムさえ思い描くことができる。この場合、顧客はプログラムに加入し、もしくはすでに加入させられており、その人が必要とするもの、好きなものを予測するアルゴリズムにもとづいて商品やサービスを受け取り、その代金を請求される。

ＳＦ物語のように聞こえるかもしれないが、これが現実になりつつある。商品やサービスの提供業者は大規模なデータセット（「ビッグデータ」）の助けを借りて、あなたもしくはあなたに似た人の好みの傾向を知ることが、ますます容易になっている。いまは多くの業者が高度な自動性を提供している。具体例を挙げても情報はすぐに古びるだろうが、いくつか示そう。あなたが気に入った靴を見つけたら、スポーツウェアメーカーのジャックラビットが四カ月から半年ごとに気に入ったスニーカーの新品を送ってくれる。あなたが男で、決まったブランドの靴下、デオドラント、下着、コンドームを気に入っているとすると、マンパックス・ドット・コムがたとえば三カ月ごとにそれらの品物を送ってくれる。ペトコ・リピート・デリバリーではペットフードの初回分の注文をすれば、その後は必要に応じて商品を届けてくれる（確認のメールが届いて希望すれば配送を止められる）。

これらの場合、またほかの多くの場合、選択できるのは一度だけで、それ以降は選択しないことを選択する（「今後、このダイアログボックスを表示しない」という便利なチェック項目のことを思い出そう）。また、分野によってはまったく選択しなくていいかもしれない。近年、アメリカの住宅購入者は住宅ローンの借り換えをしそびれて、五〇億ドル以上の金を失った。申込みをして、いくつか簡単な選択をするという手順がどうやら相当に億劫だったらしい(1)。そのローンの借り換えが住宅購入者の利益になると判明した時点で、手続きを自動的に処理するシステムがあれば、彼らは大金を失わずに済むだろう。このようなシステムは高度に個別化して、それぞれの状況に合わせた借り換え契約を用意することができる。

個別化したデフォルト・ルールの登場は恩恵となるだろうか？　災いとなるだろうか？　ひと言で答えるなら恩恵となるだろう。この見通しはユートピア的だろうか？　反ユートピア的だろうか？　ひと言で答えるならユートピア的である。だが、短い答えだけでは不十分だ。本書はこれらの疑問に答えるための枠組みを提供する。私は（だいたいにおいて）デフォルト・ルールを称賛し、それが人間の自由にもたらす貢献について意見を述べる。また、人はなぜ選択しないことを選択するのかを探るが、能動的選択を支持する意見もたっぷりと述べる。選択したいかどうかを人に尋ね、選択したくなければデフォルトに頼るという、簡略な能動的選択に特有の長所を探る。さらに能動的選択とデフォルト・ルールのどちらが、いつ、どんな理由でより適しているかを探ることにもページを割く。

序章　選択

つぎの問題を考えてみてほしい。

1　運転免許をとるための条件として、臓器提供に関して能動的に選択するように免許申請者に要求するかどうかを政府が検討している。選択肢として、積極的に同意の意思を表明した場合にかぎり臓器ドナーとなる、既存の「オプト・イン（加入の選択をする）」方式を継続するか、もしくは最初から同意したものと推定する「オプト・アウト（拒絶の選択をする）」方式に変更するかが検討される(1)。

2　ある民間企業がつぎの三案を検討している。従業員を健康保険プランに自動的に加入させる案、希望者はオプト・イン（加入する選択）するように求める案、または仕事に就く条件として、健康保険に加入したいかどうか意思表示をしなければならず、加入したければ希望するプランを示さなければならないという案である。

3　ある公益事業会社は、消費者のために、割高だが環境に優しいエネルギー源を使用する「グリーン・デフォルト」を選ぶか、低価格だが環境にとってあまり好ましくないエネルギー源を使用する「グレイ・デフォルト」を選ぶか、それとも好きなエネルギー源を消費者に尋ねるかを検討している。

4　ソーシャル・ネットワーキングのサイトがデフォルトでプライバシー設定をするシステムを採用するか、それともサイトにアクセスする条件として、初回の利用者に好みのプライバシー設定を表明させるかを検討している。

5　ある州の政府は、投票者がいつでも好きなときにウェブサイトを訪れて、ある政党の候補者であれば誰であっても投票したいと表明できるようにし、さらに投票者が希望すれば、今後も選挙のたびにその党の候補者に投票し続けたいと表明できるようにすることで、それ以外の意思を明示するまで、投票の自動化を進める方法を検討している。

6　あるオンライン書店は、顧客が選択した結果についての膨大なデータを集め、場合によっては顧客が自分でも気づかないうちに何を欲しがっているかがわかると確信している。この書店は「予測ショッピング」システムの導入を検討している。このシステムでは、欲しい本を顧客が表明する前に特定の本を発送し、顧客のクレジットカードに本代を請求する。この書店は、予測ショッピング・システムへの登録を能動的に選択するように顧客に求めるか、もしくは顧客を自動的に加入させるかについても検討している（第7章で、アメリカ人がこのようなシステムの可能性をどう考えているかに関する証拠をいくつか示す。読者はその答えに驚かれるかもしれない)。

以上のいずれの事例においても、組織はなんらかのデフォルト・ルールを使用するか、代わりに利用者になんらかの能動的選択を要求するかを決めようとしている(ここで「要求する」という言葉が何を意味するかは、これからおおいに語るつもりだ)。パターナリズムを拒否し、選択の自由を尊ぶ人々にとって、能動的選択は明らかに魅力的である。実際、能動的選択はどんなデフォルト・ルールよりもはるかに好ましいと思えるかもしれない。

能動的選択とデフォルト・ルールのいずれを採用するかを検討している人は、選択がなされる社会的状況を設計するという意味で、「選択アーキテクト(設計者)」である。(2) 「社会的状況」という概念は広い意味で理解しなければならない。そこには温度、色、大きさ、形、音が含まれる(お菓子が緑色の包みに包装されていれば、実際に健康によいかどうかに関係なく、健康にこだわる消費者が買い求めやすくなる)。また社会的状況には選択肢を並べる順序や人の注意を喚起する順序が含まれる(リストの最初にある項目は選ばれやすく、最後に提示された項目も同様である。一方、中ほどにある項目はあまり注目されない)。社会的状況にはほかでもないデフォルト・ルールと能動的選択も含まれる。選択アーキテクチャーはわれわれが選択するかどうか、するとしたらいつ、どのように選択するかを規定する。人が気づいているかどうかは別にして、選択アーキテクチャーは至る所に見られる。社会的状況を省略するのは不可能であり、したがってなんらかの選択アーキテクチャーが必要となる。

そういう意味で、選択アーキテクチャーがなくなればいいと望むのは無意味である。作家も言葉などなくなればいいのにと思うかもしれない。それと似ている。というのは選択アーキテクチャーは束縛し、制限すると同時に、可能にし、容易にするからである。本書の冒頭に掲げた最初の題辞を思い出してほしい。偉大なる作家デビッド・フォスター・ウォレスが二〇〇五年に学位授与式で行ったスピーチの引用である(3)。

若い魚が二匹、並んで泳いでいたところ、反対方向に泳いでいく年上の魚と出くわした。年上の魚は会釈して「おはよう。水の按配はどうだね?」といった。若い魚はしばらく泳ぎ続けたあとで、一匹がもう一匹を見て聞いた。「水ってなんだ?」

人間にとって選択アーキテクチャーは、この若い魚にとっての水と同じである。気づかなくても、それはそこにある。さらにいえば、たとえデフォルト・ルールが常識だとみなされても、あるいはおそらく常識だとみなされているためになおさら、それは選択の自由が保たれる介入と理解され、命令や禁止令を課さずに、人々の選択を特定の方向に向けさせる主要な「ナッジ(柔らかく押しやること)」とみなされる(4)。選択しないという選択を可能にするGPSナビもナッジの一例だし、開示要件もその仲間である。デフォルト・ルールは効果的なナッジとなりうるし、(私が思うに)これは最も興味深いナッジである。

民間または公的組織がデフォルト・ルールを用意する場合、人は進んで選択したがらないだろうと期待しているのかもしれないが、組織は人に行動を強制するわけではない。それどころか選択の自由は保たれる。オプト・アウト（拒絶の選択）もしくはオプト・イン（加入の選択）をしなければならないとしても、自分にふさわしい選択が許される。[5] 注意を引くきわめて重要なことは、それでもデフォルト・ルールは固着する傾向があり、それゆえに影響が大きいという点である。

官民の組織が結果を変えようとするなら、デフォルト・ルールを切り替えるのが効果的かもしれない――ことによると（退職貯蓄プランの場合のように）魅力ある経済的インセンティブを提供するより効果的かもしれない。もちろん経済的インセンティブも重要である。価格を上げれば、普通、その商品はあまり売れなくなる。しかし、ほかのことに集中している場合はとくに、人はインセンティブを無視することがある。[6] 人はデフォルト・ルールも無視することがあるが、それは選択アーキテクトにとって問題ではなく、むしろチャンスとなる。人がデフォルト・ルールを無視すると、そのせいでデフォルトが固着することがある。とするとインセンティブとデフォルト・ルールには著しい違いがある。インセンティブは人が注意を向ける場合にかぎり、注意を向けるからこそ効果を発揮する。一方、デフォルト・ルールは人が注意を向けない場合に、そのおかげで効果を発揮する。

健康保険、恋愛、結婚、金融市場、消費者保護、貧困、臓器提供の推進、エネルギーの利用、環境保護、肥満、住宅ローン、貯蓄、その他多くのことがらに関して、デフォルト・ルールの選定はきわめて重要である。官民両方の公共心ある人も自分本位の人も、デフォルト・ルールも含めた選択アーキテクチャーを利用することが可能であり、また実際に利用して、当人が望ましいと考える結果をもたらすことができるのだ。

■生活と法律

法律制度の最も重要な役割の一つにデフォルト・ルールの設定がある。実のところ重要な政策の多くは、推定という形のデフォルト・ルールを通じて運営されていることが多く、契約法はおおかたこのデフォルト・ルールで構成される(7)。雇用主は「正当な理由」がある場合にかぎり従業員を解雇できるのか、それとも雇用主が適切とみなすいかなる理由でも解雇できるのかに関して、当事者が黙っていたらどうなるだろうか? デフォルト・ルールがその答えを規定して、それが固着するかもしれない(8)。法律制度がデフォルト・ルールを作るとしたら、契約当事者はたとえ簡単にそれを拒絶できるとしても、拒絶しないかもしれない。場合によって当事者らが「どちらでも」と答えれば、デフォルト・ルールが固着することになる。

もちろん、法的規則の多くは命令であり、ただ単にデフォルトを設定しているわけではない。殺人や暴力を禁じるルールをオプト・アウト(拒絶の選択)することはできない。発電所が違法に高レベルの汚染物質を排出していれば、罰せられ、オプト・アウトはできない。雇用主は従業員に対して、人種差別やセクハラを禁止する規則を拒絶するように求めることはできない。しかし、最も微妙で問題の多い状況においてもデフォルト・ルールは存在するし、その重要度はかなり高い。

たとえば年齢による差別の問題を考えてみよう。米国政府は、ある種の制約のもとに、退職時に差別を受けない権利を従業員が放棄することを認めている(9)。この場合、高齢の労働者は差別を受けない権利を与えられるべきだが、違反を訴える権利と適切な退職パッケージを「交換」することを認められるべきである、という考えが根本にある。人は陪審裁判を要求する権利もしくは訴訟提起の権利をいっさい放棄することが、しばしば認められる。司法取引そのものが一種の権利放棄である。刑事司法制度では、人はデフォルトで多くの権利を手にしているが、その権利を放棄することを選択すれば、そうすることができる。権利の放棄を選べるとしたら、彼らの自由度は増すのではないか？　少なくとも、選択肢が現実的でなおかつ情報にもとづいており、いい加減なごまかしでないとしたら？　少なくともたいていの場合には自由度が増すのではないか？

もう一つ、法律にかかわる似た例がある。人はよく代理人《エージェント》を雇う。誰かを雇って、あなたの代わりに金銭に関する判断を下してもらい、人に「法定代理人」の権利を与えて、多岐にわたる重要事項を代わりに選択してもらうことができる。人は公式、非公式に「依頼人《プリンシパル》」を演じ、代理人を雇って自分の望みをかなえる。アメリカ大統領には閣僚を含めて何人も代理人がおり、大企業のトップは代わりに働いてくれる代理人に取り囲まれている。複雑な慣例――「プリンシパル＝エージェント関係に関する慣例」――が依頼人と代理人とのあいだの詳細な関係を規定する。差し当たって重要なのは、依頼人は多くの問題で選択しないことを選択するという点である。実のところ依頼人と代理人の関係の要点はここにある。たしかに代理人は依頼人に対して忠実義務を負っていて、代理人の決定権は厳しく制限されることもあり、最終的には依頼人が責任を負うことになる。また代理人には選択できないことがらが多く、検討できない要素も多い。しかし、依頼人が代理人を雇うのは、少なくとも特定の分野で選択しないことを選択したからである。そうすることで依頼人は自由になり、最重要な案件に集中できるという意味で、また自分の下す決定についてよく理解している人によって決定がなされることが保証されるという意味で、そのような選択はしばしば絶対に必要となる。

■自由について

私が本書で検討する方式はすべて、自由を保持することを目的としている。デフォルト・ルールは選択するという選択を可能にし、また（デフォルトに頼ることで）選択しないという選択を可能にする。この選択については語るべきことがたくさんある。卑近な例を挙げよう。あなたの雇用主はデフォルトであなたを年金プランに加入させて、「あなたはそのプランのことで頭を使う必要はないが、気に入らなければ変更できる」と告げるかもしれない。

たしかにデフォルトがあまり好きではない人もいて、彼らは能動的選択をはるかに好む。このような選好についてはおおいに語るつもりだ。しかし、政府が個人的な選択に合法的に干渉するのは「他者への害」を防ぐためだけであるという、リベラルな政治的伝統において広く支持されている見解からは、もっともな疑問が浮かぶ。ジョン・スチュアート・ミルは『自由論』の有名な一節でつぎのように主張した。

文明社会では、相手の意に反する力の行使が正当化されるのは、ほかのひとびとに危害が及ぶのを防ぐためである場合に限られる。物質的にであれ精神的にであれ、相手にとって良いことだからというのは、干渉を正当化する十分な理由にはならない。相手のためになるからとか、相手をもっと幸せにするからとか、ほかの人の意見では賢明な、あるいは正しいやり方だからという

理由で、相手にものごとを強制したり、我慢させたりするのはけっして正当なものではない。(10)

（『自由論』斉藤悦則訳、光文社）

この一節の解釈についてはいくつもの疑問が浮かぶ。しかしながらミルの議論には、民間組織に劣らず公的組織もデフォルト・ルールを設けており、このデフォルト・ルールが力の行使に当たる、という事実を考慮しなければならない。ミルはデフォルト・ルールについて論じているわけではないが、おそらくこのルールはミルの基本的な説明と矛盾しないと私は信じている。たしかにデフォルト・ルールは何かをするように、あるいは我慢するように人に「強制」することはない。だが選択アーキテクトは、デフォルト・ルールが人をもっと幸せにしたり、生活を楽にするような、賢明な判断あるいは正しい判断を下す助けになるという理由で、デフォルト・ルールを選択することがよくある。こうした正当化が、デフォルト・ルールに反対し、能動的選択を支持する主張の根拠となるかどうかを判断するには、聞こえのいいスローガンではなく熟慮が必要となる。

ミルは自身の有名な危害原理について数多くの独立した主張を展開したが、最も重要であり、また本書で取り上げる問題に最も関連があるのは、個人は自分にとって何がふさわしいかを知るのに最適な立場にいるという主張である。ミルの考えでは、政府の役人も含めた部外者の問題点は、必要な情報の不足である。ミルは、個人とは「自分自身の福祉に最も関心のある人」であり、「普通の人は男女ともに他人が得られる量をはるかに上回る知識を得る手段を持っている」と主張する。社会が個人の判断を退けようとするときは「漠然とした推定」にもとづいてそうする。そのような推定は「すべて間違っているかもしれず、たとえ正しいとしても個々の事例に誤って適用される可能性が高い」。人々の生活を確実によくすることを目指すとしても、政府が人々に自分の道を見つけさせるのが最善だと、ミルは力説する。

ミルの主張が直感に強く訴えかけてくることは、誰も否定すべきではない。だが、彼の主張は正しいのだろうか？　これは主に経験的問題であり、内省と直感によって的確な答えを出すことはできない。数十年にわたり、心理学者と行動経済学者が手がけてきた最も重要な社会科学研究のいくつかが、この問いに答えようとしてきた。このような研究は世界中の政府に多大な影響を及ぼしている。行動に関する研究の成果は、ミルの主張の根拠のいくつかについて疑問を提起している。というのも、人は自分の幸福に関して数多くの失敗を犯し、そのような失敗がひどい損害をもたらしうることをこれらの研究が明らかにしているからである(11)。

最近の社会科学の分野では、ダニエル・カーネマンが名著『ファスト&スロー』（村井章子訳、早川書房）で権威をもって論じているように、人間の心には「認知体系」が一つではなく二つあると提唱するのが標準となっている(12)。社会科学の文献では、この二つの体系は素っ気なくシステム1、システム2と表記される。システム1は自動システム、システム2はより慎重で内省的である。システム1は高速で機能する。たいていは自動的に（惰性で）動く。習慣が駆動力となる。感情的で直感的になることがある。やかましい騒音が聞こえると、逃げ出したくなる。気に障ると、殴り返しそうになる。おいしそうなチョコレートケーキはもちろん食べる。先延ばしすることがあり、衝動的になりうる。「先走る」こともある。すなわち、一連の仕事に早くから取りかかり、そのせいで重大な負担とコストが無駄に生じることがある。[13] ひどく恐れたり、過度に自己満足したりする。欲しいと思ったらすぐに欲しくなる。計画を立てるより行動するほうが得意である。システム1はホーマー・シンプソン（テレビアニメ『ザ・シンプソンズ』の主人公）、ジェームズ・ディーン（『理由なき反抗』の役どころ）、ピッピ・ロングストッキング（『長くつ下のピッピ』の主人公）に似ている。

システム2はコンピュータあるいは『スタートレック』のミスター・スポックに似ている。慎重に、熟考し、計算する。やかましい騒音が聞こえると、その騒音が不安の原因かどうかを評価する。慎重に、ときには時間をかけて確率について考える。本気で気分を害することはない。侮辱された理由を理解したら、あらゆることを考慮して、どうするべきかを慎重に判断する。おいしそうなチョコレートケーキを見たら、あらゆることを考慮して、食べるべきかどうかを判断する。自制力の重要性を主張する。行動するよりも計画を立てるほうが得意である。

人間の生活ではシステム1が主導権を握ることが多い。人は短絡的かつ衝動的になることがあり、わずかな時間に負荷をかけすぎる（煙草を吸ったり、運転しながらメールを打ったり、チョコレートを食べすぎたりすることによって）。[14]（「認識された情報が利用される」という意味で）目立つものに価値がある。[15] ある状況や活動、あるいは製品の重要な特徴がただちに認識されなければ、それを無視するかもしれない。それは、ことによると自分にとって都合がいいかもしれないし（太りやすいお菓子が別の部屋にあるといった理由で）、またひょっとすると自分にとって不利になるかもしれない（それでお金が節約できる、もしくは寿命が延びるかもしれないのに）。

人は行動を先延ばしにして、そのせいで苦しむことがある。ローンの借り換えをしそびれた例を思い出してほしい。(16) 彼らはありえないほど楽観的になることがあり、それゆえに危険さえ伴う不幸な選択をする。(17) 人は「感情予測エラー」を犯す。彼らはある活動や製品が特定の利益をもたらしたり、なんらかの悪影響を自分の幸福にもたらすと予測するが、そのような予測はときには痛ましいほどに、誤りであることが判明する。(18)

このような状況では、目的にかなったデフォルト・ルールがおおいに役に立つことがある。われわれはほんのわずかな時間に集中しすぎ、惰性に悩まされ、計画を立て損ない、非現実的な楽観傾向の犠牲となるおそれがあることがわかっているので、デフォルト・ルールを選択するか、あるいは、われわれのためにデフォルト・ルールを設定してくれる人に拍手を送るのだ。人間は多くの「二次的判断」――判断についての判断――を下しており、選択しないという選択も重要な二次的判断の一つである。(19) われわれはシステム2の影響力を強化したい。その一つの方法が選択しないという選択である。

ちょっとした例を挙げよう。多くの人がクレジットカードの請求用に自動支払いシステムを設定して、毎月、どの方法でいつ支払うかを考えずに済むようにしている。全額一括支払いするのが間違いなくデフォルトになるようにする。ほかのさまざまな支払い――クラブの会員権、慈善事業への寄付、従業員の給与――にも同様の方法をとる。さまざまな行動バイアスを克服できるように助け、人間の「処理能力」には避けがたい限界があるという現実にも対応するために、デフォルト・ルールは自動化の仕組みの助けを借りることが多い(20)(これは具体例であるだけでなく、ヒントでもある。請求書の支払いやそのほかの手続きを自動化することで、その心配をする必要がなくなれば、生活はずっと楽になるはずだ。一度選択すれば、将来、選択する必要のないプロセスを確立できるのである)。

しかし、人間が生まれつき失敗しやすいとしたら、デフォルト・ルールでは不十分だ――人を失敗から守るには命令と禁止令が必要である、という主張が起こるかもしれない。状況によって、この主張は正しい。多くの自由社会では、処方箋がなければ特定の薬を買えない。これはパターナリズムのわかりやすい事例である。労働安全衛生法は、労働者自身が進んで承諾するような危険であっても、冒すことのないように防止する。ミルの考えがどうであったにせよ、選択の自由に対するパターナリズム的干渉が、概して自由を尊重する国に見られないことは稀であり、人が失敗するリスクは、このような干渉がどういう場合に正当化されるかを説明するのに役に立つ。

その一方で、選択の自由を排除するのは容易ではない。デフォルト・ルールは選択アーキテクトがミスや不正な動機に直面したときに、安全弁となるという重要な利点がある。この問題については第8章で詳しく論じる。

■四つの目標

本書では四つの目標を掲げる。第一に、最も総合的な目標として、目的にかなったデフォルト・ルールは、われわれが選択する手間を省いて、生活をよりよく、より自由にするのに役に立つことを明らかにする。デフォルト・ルールは絶対に必要であり、人間はたぶんそれなしではやっていけない。デフォルト・ルールをなくせばたちまち負担が増え、それが手に負えなくなることさえあるだろう。(21) この点がわかりにくいとすれば、それはデフォルト・ルールは目につかないことが多いからである。

その効果が大きいときでさえ、またデフォルト・ルールが日常生活をより単純にし、暮らしやすくしているときでさえ、その存在に気づかないことがある。実際、それが重要な点なのかもしれない。

第二の目標として、デフォルト・ルールがいつ重要で、いつ重要でないか、またそれはなぜかを理解する。惰性の力は強く、そのために本当はデフォルト・ルールが気に入らなくても、人はそれに固執することがある。デフォルトの変更が簡単だとしても、忙しい人はそこに注意を向けたがらないかもしれない。またデフォルト・ルールは情報も伝える。分別のある人もしくは専門家が、もっともな理由でそのデフォルトを選んだのだと、あなたは判断するかもしれない。選択アーキテクトがほかでもない特定のデフォルトを選んだのなら、彼らの選択がおそらく最善だろうと人は考えるかもしれない（私が在籍する大学も含め、一部の大学は教員のために退職プランを選択し、教授が拒絶できる一種のデフォルトとして運用されている。多くの人と同様、私も、大学は自分がしていることを理解しているとみなしている）。場合によって、デフォルト・ルールより先に選好が示されなかったり、選好がデフォルト・ルールとまったく違うことがある。われわれは自分が何を欲しているかを正確に理解しておらず、デフォルト・ルールが選好、価値観、願望を形成するという役割をになう[22]。この場合、デフォルト・ルールの力は大きい。

デフォルト・ルールが、結果を変える手段としてのインセンティブに代わる——潜在的にお金がかからず、より効果的な——かなり魅力的な代案となるのは、これが理由である[23]。デフォルト・ルールは当事者が何もしない場合（よくあることだ）の特定の結果を規定するので、魅力的な経済的インセンティブをはるかにしのぐ効果をもたらす可能性がある。標準的な経済学的考察からすれば、これはかなり驚くべきことだ。原則的に、簡単に拒絶できるデフォルト・ルールには経済的インセンティブほどの効果はないはずである。しかしながらこの点に関して、標準的な経済学的考察は誤ることがある。選択アーキテクトはデフォルト・ルールを利用することで、ほかの方法であれば大量の資源を使わないと達成できないような結果をもたらすことができるだろう。実際、官民の組織は、まさにその通りのことをすでに実施している。

　第三の目標として、人がいつ、どういう理由で選択したがるか、あるいは選択しないことを選択するかを探る過程で、能動的選択がふさわしい場面を明らかにする。当然ながら、デフォルト・ルールに疑念を抱く人は多く、彼らはデフォルト・ルールを一種の操作もしくは策略とみなす。彼らはデフォルト・ルールに頼る代わりに、人に選択させたがる。状況次第で、彼らの主張はまったく正しい。本書の議論のかなりを、その理由の説明に向ける。そうすることで、人は選択することを選択するべきであるという一般的な直感を正当化する。

　第四にして最後の目標は、個別化〔個人に合わせてカスタマイズ〕したデフォルト・ルールの用途と限界を探ることである。個別化したデフォルト・ルールは問題となる集団の構成員を分類して、各自の状況に合ったデフォルト・ルールが確実に当てがわれるようにする。個別化したデフォルトを利用すれば、あなたにとって最も納得のいく結果がもたらされる。

　個別化したデフォルト・ルールがおおいに有望なのは、負担やコストを強いることなく、また能動的選択に伴う潜在的な失敗もなしに、個別化していないデフォルト・ルールにかかわる問題を排除できる可能性があるからである。デフォルト・ルールの個別化が進めば、能動的選択の相対的な利点は縮小し始める。なぜかというと、個別化方式では、人に行動することを一切求めずに、多様性の問題に対処できるからである。個別化したデフォルト・ルールは、多くの分野で大きな社会的便益をもたらすことを約束する。

同時に、個別化したデフォルト・ルールは独自の問題を生む。一つに、個別化したデフォルト・ルールは学習を促さない。選択とは筋肉を動かす行為であり、その筋肉を鍛えて強くするのはよいことだとみなすことができる。個別化したデフォルトは、過去の選択と矛盾しない結果となるように促すことによって、視野を広げるよりはむしろ、狭める可能性がある。さらに、正確な個別化したデフォルト・ルールを作ることは選択アーキテクトにとって負担となり、お金もかかる可能性がある。このようなデフォルト・ルールは潜在的選択者の利益よりも自己の利益に動かされる人々によって、都合よく利用されるかもしれない。

個別化したデフォルト・ルールは、個人のプライバシーにとっての重大なリスクも生むかもしれない。あなたの特定の状況に合うデフォルト・ルールを設計するために、選択アーキテクトがあなたについての十分な知識を得ることを、あなたは望むだろうか？　この問いには「いいえ」と答えたくなるし、その答えは正しいかもしれない。しかし、簡単な答えには用心したい。プライバシーの問題は重要だが、おそらくそれはプライバシーに関して個別化したデフォルト・ルールによって解決できる（後ほど詳しく論じる）。また、デフォルト・ルールはたとえ個別化されても、能動的選択が提供するもの、すなわち個人の責任感および結果との密接な一体感をもたらさない。

■主な結論——予告

個別化していないデフォルト・ルール、能動的選択、個別化したデフォルト・ルールのいずれかを選ぶという選択は、抽象的にはなしえない。どの方法が最善かを知るには、選択者と選択アーキテクトの双方が二つの要素を調べる必要がある。すなわち判断のコストと誤りのコスト（失敗の回数と程度と理解される）である。これらのコストについて理解しても、知る必要のあることがらがすべてわかるわけではない。それでも幅広い問題を適切に分析するための方向づけの役に立つ。

デフォルト・ルールが判断のコストを大幅に減らせることは明白であろう。デフォルト・ルールが採用されたなら、選択者はどうすればいいのかに注意を向ける必要がない。ただデフォルトに従えばよいのだ。しかしながら、デフォルト・ルールによって誤りのコストが増える可能性もある。少なくともそのルールが選択者の状況に合わなければ、そうなる可能性が高い。すると、デフォルト・ルールは生活が悪くなる方向に人を導く可能性がある。基本の問題に取り組むうえで、五つの課題が明らかになる。

第一に、個別化していないデフォルト・ルールはつぎの場合に、一般に能動的選択よりも好まれるはずである。（1）状況が複雑で、専門的で、なじみがない、（2）自分では選択しないことを好む、（3）学習が重要ではない、（4）ある集団の関連する特徴が不均一でない。このような場合には個別化していないデフォルト・ルールがありがたい。これらは個別化していないルールが理にかなっている標準的な状況である。四つの条件の全部ではなく一部が当てはまる場合はやっかいである。そのような場合は判断のコストおよび誤りのコストの分析が有益な方向性を示してくれるが、すぐには答えが出ないかもしれない。また、たとえ四つの条件すべてが当てはまるとしても、選択アーキテクトが目的にかなったデフォルト・ルールを作成してくれるはずだと信頼できることが必要になる。デフォルト・ルールが有害である、もしくは非常識である場合は、能動的選択を要求するのが最善であろう。

第二に、つぎの場合には、一般に個別化していないデフォルト・ルールよりも能動的選択が好まれる。（1）選択アーキテクトにバイアスがある、もしくは重要な情報を持っていない、（2）状況になじみがある、もしくは専門的でない、（3）自分で選択することを好む（そのため、選択がコストではなく利益となる）、（4）学習が重要である、（5）関連する人々の特徴に不均一性が見られる。能動的選択を支持するのに、五つの条件のすべてが当てはまる必要はない。状況になじみがないという事実は能動的選択に反対する論拠となる。なぜなら、不案内な状況では判断のコストも誤りのコストも増えるからだ。ところがなじみのない状況でも、学習が重要であったり、選択アーキテクトにバイアスがある場合は、能動的選択を支持する有力な論拠となるかもしれない。五つの条件のうちどれか一つが該当する場合、能動的選択を支持する主張は補強されるが、ほかの四つの条件が個別化していないデフォルト・ルールを支持する論拠となるかもしれない。たとえば学習は重要だが、人が選択することを本当は望んでおらず、選択アーキテクトが信頼できる場合を想定することができる。こうした事例にどう対処すればよいかを知るには、選択アーキテクトは特定の状況についてもっとよく理解する必要がある。

第三に、関連する不均一性があるとき、個別化したデフォルト・ルールは個別化していないデフォルト・ルールよりも一般に好まれるはずである。「一つのサイズですべてに対応」できない場合、複数のサイズを採用するのが最善の策である。優れた旅行ウェブサイトは、誰にでも同じデフォルトを提示したりしない。多くの人に適した健康保険プランが全員に合う可能性は低く、そのため個別化によって精度をぐっと高めることができる。四〇歳以下の人に合う退職プランが六〇歳以上の人の目的に合わないなら、選択アーキテクトは退職プランを個別化する努力をすべきである。

第四に、個別化したデフォルト・ルールには、能動的選択と比べていくつか大きな長所がある。というのは、選択することに時間と労力を注ぐように人に要求しなくても精度が増すからである。個別化したデフォルト・ルールは両方の世界のいいとこ取りであると主張したい。なぜなら、能動的選択の欠点がなく、その長所を備えているからである。学習と行為主体性が重要になることがあるという理由もあって、この楽観的な見方は大胆すぎるが、そこには少なからぬ真理がある。選択アーキテクトが情報を手にしており、しかも信頼できる場合は、個別化したデフォルト・ルールを真剣に検討する価値がある。

第五に、他者に危害が及ぶ場合はもちろん、命令と禁止令を選択する正当な根拠が生まれる。しかしながら、人が失敗しないように守ることが目標であれば、命令に反対する仮定がなされるはずである。この仮定は、命令によって人々の福祉が向上するとはっきり証明することによってのみ覆される。もちろん、たしかにデフォルト・ルールは暴力的犯罪の問題への対応としては生ぬるく、汚染の問題に対処するには、デフォルト・ルールを超えた対策が必要である。しかし他者に害が及ばないのであれば、選択の自由を保持する方式を採用し始めるべきである（この提案が、答えの出ない多くの問いを残すことは承知している。これについては後ほど取り上げる)。

私の基本的な主張の一つは、今後、個別化したデフォルト・ルールが、もっともな理由でますます利用されるようになるだろうというものである。普通の生活では、家族や友人が日々、大小さまざまな形で(またしばしば無意識に)機能面で個別化したデフォルト・ルールに相当するものを利用している。もっともなことだが、家族や友人は、人は過去に欲したものを将来も欲すると仮定する。あるいは、過去に享受したのと似た多様性と驚きを将来も求めるだろうと仮定する。

たとえば配偶者や親友は、レストラン、休暇の旅行先、恋愛、あるいは会話に関してさえ、オプト・アウト(拒絶の選択)ができるデフォルト・オプションを選択する。人が型通りのものを好む場合、その人の配偶者や友人はデフォルトで型通りのものを選ぶ。人が意外性を好む場合、その配偶者や友人は意外性のあるものを選ぶ。人の実際の選択についての情報が集められるにつれて、多くの官民の組織が個別化したデフォルト・ルールを提供できる立場に立てる。好むと好まざるとにかかわらず(たいていはよい方向に)、個別化したデフォルト・ルールの時代が訪れるだろう。

■本書の構成

本書は三部で構成される。第I部は人間の行動に的を絞る。第1章ではデフォルト・ルールがなぜ重要なのかを探り、惰性、提案、損失回避の役割を強調する。第2章では固着しないデフォルト・ルールについて論じる。ここでは、人が進んで選択し、デフォルト・ルールに先立ち明らかな選好を示す場合、彼らは自分の思うように行動するということを示す。また第2章では、利己的な企業がデフォルト・ルールを嫌っている場合、企業は人をデフォルト・ルールから遠ざけることができるかもしれないことも示す。

第Ⅱ部では道義的問題および政治的問題に目を向ける。第3章ではデフォルト・ルールの設定方法を研究する。この章では、情報を手にした選択者が選ぶであろう方式を特定することを、主な目標とすべきであると主張する。基本にあるのは、情報を得た選択者が何を選ぶかがわかれば、その情報を正しく理解して、どの方式が社会福祉を促進するかがわかるという考えである。この章では周囲に蔓延する悪いデフォルトの問題も探る。

第4章では能動的選択に目を向け、この選択方式が望ましい状況を探る。能動的選択はリベラルな政治思想でとくに尊重されており、それにはもっともな理由がある。第5章ではコインの裏側、すなわち人はいつ、どのような理由で選択しないことを選択するかを探る。人がそのような選択をする場合に能動的選択を要求するのは一種のパターナリズムであることを示す。

第Ⅲ部では未来に目を向ける。第6章で個別化したデフォルト・ルールを研究し、なぜこれがますます普及しているのかを説明する。第7章では、売り手は買い手より先に買い手が欲しいものを知っているかもしれない、という考えに具体的に示されている予測ショッピングについて論じる。第7章は予測ショッピングに対する人々の反応についての調査資料を紹介する。大部分の人は予測ショッピングを拒否するが、喜んで受け入れる人も多いことをこの資料は示している。第8章では強制の役割を論じ、選択の自由を支持する仮定に賛成する。結論では本書の論点全般をまとめる。

第I部　人間の行動

第1章　デフォルトで決定する

選択しないという選択をする場合、人はしばしばデフォルト・ルールを選び、そこに信頼を置く。本章ではデフォルト・ルールの重要性およびこれがどの程度、普及しているかを伝え、またその可能性を探ることを目指す。これから見ていくように、デフォルト・ルールはたびたび決め手となることがわかる。ここで重要なのは、デフォルト・ルールはたとえ容易に変更できるとしても、人はこれを変更しようとしない傾向がある、という意味において、なぜこれほど「固着的」なのか、である。この疑問に答えるために、さらなる具体例をいくつか示すのが有益だろう。差し当たって個別化〔個々人に合わせてカスタマイズ〕していないデフォルト・ルールだけを取り上げる。第Ⅲ部でより個別化したデフォルト・ルールを取り上げる。

■実際に使われているデフォルト・ルールをざっと概観する

紙　人間は大量の紙を使い、紙は大量の木を必要とする。民間あるいは公的な組織が紙の使用量を減らすことで経費を削減し、また環境保護に役立てたいとする。その組織は紙の使用量を減らすことの潜在的価値について従業員や職員に教育することができる（「ただ事実だけを」）。経済的価値および環境価値に訴えて、道徳的勧告を試してみるのもいい。大量の紙を使うことに対していくらかの罪悪感や羞恥心を味わわせることができるかもしれない。標準的な経済学的規範に従って、紙の使用に対して何かしらの料金を課すこともできる。あるいは関連する個人や集団が使用できる紙の総量に上限を設けることも可能だ（不便だが独創的な方式として、排出量取引制度の一種であるキャップ・アンド・トレード方式がある。この場合、総「削減量（キャップ）」を決めて、相互に量を取引できる）。

だが、もっと簡単な介入方法を考えてみよう。組織内でのプリンターのデフォルト設定を「片面印刷」から「両面印刷」に変えるのだ。数年前にラトガース大学でこのようなデフォルトを採用した。新しいデフォルトを設定してから最初の三年で、紙の使用量は五五〇〇万枚以上減った。四四パーセントの削減、木に換算して四六五〇本分に相当する。(1) スウェーデンのとある大規模な大学で行われたフィールドでの自然実験でも大幅な削減が見られ、紙の消費量が一五パーセント減るという著しい効果がただちに現れた。(2) この効果は長いあいだ安定していた（効果が持続したことは力説する価値がある。デフォルト・ルールによって導入された変更は、時間が経過しても効果が衰えにくいのだ）。

官民の組織が単にデフォルトを変更する選択をしただけでも、紙の使用量に多大な影響を及ぼすのは明らかである。デフォルトの設定が「片面印刷」であるというだけで、多くの人が必要以上に紙を使っている。利便性やいつもの書類の読み方に関して少しばかり犠牲を払うだけで、たった一つの変更が大きな節約につながる。少なくとも選好がはっきりしない場合は、切り替えのコストはわずかでも、デフォルトの効果は大きい。

特筆すべきは、利用者に両面印刷の使用を強く促しても本質的に効果がないにもかかわらず、デフォルトは効果が大きい点である（少なくとも一部の状況で、奨励や教育の成果の限界に関して、ここには潜在的に学ぶことがある）。さらに顕著なことがある。スウェーデンの研究で、両面印刷のデフォルトの効果は、紙製品に一〇パーセントの税を課した場合に見込める効果を大幅に上回るという結論が出た。税を課しても紙の使用量はたったの二パーセントしか減らない。この場合もやはり、単なるデフォルトの切り替えが経済的インセンティブより効果的で、コストも抑えられる。

タクシーのチップ　多くの都市で、タクシーはクレジットカード用のタッチパネルを装備している。この画面に三段階のチップを表示して提案し、客がさっと「タッチ」して簡単に選べるようにしている場合がある。ニューヨーク市で提案されるチップの金額は、一五ドル以上の利用で通常二〇、二五、三〇パーセントである。高いチップを払うか、少額にするか、それともまったく払わないかは自由だが、目に入る三つの選択肢のいずれかを選ぶのがてっとりばやい。

タッチパネルによってあらゆることが簡単かつ迅速に処理できるようになるが、タッチパネルを利用してデフォルトを設定することもできる。なるほどチップの額の提案は、客が何も選択しないときにどうなるかを規定しないので、厳密にはデフォルトとはいえない。チップを払うには何かしらの行動が必要になる。それでもタッチパネルはある意味、デフォルトのチップを規定する。デフォルトから離れると、客は少し余分に考え、少し余分に労力を使わなければならない。そのため、運転手が受け取るチップの額にデフォルトが影響することが期待できるかもしれない。果たしてそうだろうか？

経済学者のカリム・ハガグとジョヴァンニ・パッシは、ニューヨーク市でのタクシー乗車一三〇〇万件以上のデータを集めた(3)。二人はデフォルトの効果を測るために、ニューヨーク市のタクシーにクレジットカード端末機を装備する契約を結んだ会社二社のデータを調べた。一社は一五、二〇、二五パーセントという低めのデフォルトを設定した。低いデフォルトを示された場合、客が払うチップは減るだろうか？　もう一社は高めのデフォルトを設定し、運賃が一五ドル以下の場合はデフォルトの率を下げた。高いパーセンテージを示すとチップの額は増えるだろうか？

主な結果として、デフォルトの率を高く設定するとチップの額は大幅に増え、平均で一割以上増加した。影響はかなり大きいといえる。運転手一人で年に六〇〇〇ドルのチップを稼ぐとすると、高めのデフォルトを設定することでチップの額は六〇〇ドル増える計算だ。タクシー業界全体では年に何百万ドルもの収益増が見込める。

高めのデフォルトは予期せぬ副産物ももたらした。チップを払わない客が一・七パーセント増えたのだ。一部の客は気分を害してチップを払わないことにしたらしい。この反動は大したことはなく、運転手の収支バランスは大幅プラスとなる。しかしながら、デフォルトのチップを高くすればチップを払わない可能性が増す、と見るのが妥当であり、この仮説は反動の影響と合わせて、人がいつデフォルトを拒否するかを示唆している。とはいえ主な結果は明らかで、デフォルトのチップの影響は大きい。どの都市であれ、タクシー会社がクレジットカードを受けつけるタッチパネルを装備して、現在の標準より高いチップを提案すれば、運転手の報酬は上がる可能性がある。

保険　自動車保険に関して、計画されていない自然実験によって、金銭がかかわることがらではデフォルト・ルールが非常に固着しやすいことが示された(4)。ペンシルベニア州は訴訟提起の無制限の権利および割高な年間保険料を組み合わせたデフォルトの保険プランを提供した。保険の購入者は訴訟提起の無制限の権利を「売却」して、年間保険料の安い新しいプランに切り替える選択をして、お金を節約することができる。一方、ニュージャージー州のデフォルト・プログラムは保険料が割安で、訴訟提起の権利は付与されない。ニュージャージー州では、購入者は保険料の高いプログラムに切り替え、訴訟提起の権利を「買う」ことが認められている。

自動車保険に関して、ペンシルベニア州の住民がニュージャージー州の住民と体系的に異なる選好を示すと考える根拠はない。訴訟提起の権利に対して金を支払う価値があるかどうかについて、ほとんどの人に強い選好はない。この問題は複雑であり、これに答えるにはいくらかの作業が必要である。いずれの場合もデフォルト・ルールは固着しやすく、二つの州でまったく異なる結果が出た。大多数がそれぞれのデフォルト・ルールを受け入れており、ニュージャージー州で訴訟提起の全面的な権利を取得した保険購入者はわずか二〇パーセントほどにとどまり、ペンシルベニア州では七五パーセントが訴訟提起の権利を手放さなかった。こうして、この二つの州では保険パッケージに関して異なるデフォルトが大きな違いを生んだ。複数の実験がこの基本的な結果を裏づけており、訴訟提起の権利がデフォルトのパッケージに含まれる場合、人はこの権利をかなり高く評価することが示された(5)。

デフォルトの経済的重要性を示す主な証拠として、ペンシルベニア州ではデフォルトの選択により、追加の保険料の支払いで年間一億四〇〇〇万ドルがもたらされた。一九九一年以降の総額は優に二〇億ドルを超える(6)。

プライバシー　世界中でインターネットでのプライバシー権が盛んに議論されている。あなたがウェブサーフィンをしているなら、訪れるサイトや利用するソーシャル・メディアはあなたの行動を追跡し、あなたに関して知り得た情報を他者と共有できるようにするべきだろうか？　あなたの音楽や本の好みについてはどうだろう？　あなたがクリックした項目あるいはフェイスブックやツイッターでシェアを選択したことがらに表れるあなたの情動については？　人はこれらの問いに関して確固とした意見を持っている。なかにはプライバシーの保護を支持するたしかな想定がなされるべきであり、この想定は曖昧さのない明らかな同意の意思を示した場合にのみ覆えされるべきだと確信している人もいる。この見解に立てば、デフォルト・ルールはプライバシーを保護するべきである。プライバシー権を積極的に放棄しないかぎり、人のプライバシーは保たれるべきなのだ。

一方で、インターネットでは、相互学習の機会を保証する情報の共有は肯定的な善であると力説する人もいる。情報を共有すれば、あらゆる種類のことがら――商品、サービス、経験、機会、政治的悪習、さらには自由さえも――に関する情報を見つけることができる。特定のサイトの人気が高い、あるいは同じ国の人が特定の商品や意見に興味を示していると知ることができれば、学ぶものは大きい。こうして考えてみると、いわゆるプライバシー保護措置はとんでもない誤りかもしれず、インターネットを特別な場にしている要因の多くを損ないかねない。というのも、こうした保護措置は一種の囚人のジレンマの状況を生み、そこでは個人にとっての合理的選択であるプライバシー保護は、消費財、社会的リスク、政治についての情報の減少という形で、集団にとって弊害となるからだ。プライバシー保護は個にとっては賢明だが、全体にとっては愚かな概念である。結論として、デフォルト・ルールは情報の共有を支持するべきだ。

議論は白熱しており、あらゆる方面に分別ある人々を見出せる。こうした議論の結果がどうあれ、プライバシー権と情報共有はデフォルト・ルールの影響をおおいに受けるだろうと考えるもっともな理由がある。実際、デフォルト・ルールは状況を一変させるかもしれない。

あなたの行動情報（たとえば、訪れたウェブサイト）は、情報共有を許可するボタンをあなたがクリックしないかぎり共有されないと、官民の組織が明言するとしよう。今度は同じ組織が、これらの情報は、情報共有を禁じるボタンをあなたがクリックしないかぎり共有されると明言するとする。結果は同じになるだろうか？　とんでもない[7]。

プライバシーを犠牲にして情報共有を選ぶかと問われたら、多くの人が拒否するだろう。おそらく現在、プライバシーが保護されているなら、その状態を手放したくないというのがその理由だ。プライバシー保護を手放すように説得しても、無駄かもしれない。ことに人は何かを失うことを嫌い（これについては後ほど論じる）、プライバシーの喪失は必ずしも歓迎されない。くわえて、多くの人は単にこの問いを無視するだろう。おそらく多忙、不注意、混乱、気が散っている、あるいはそこに注意を向けたくないからである。いずれにせよ彼らの情報は共有されない。

これに対して、情報の共有を拒絶してプライバシー保護を望むかと尋ねても、多くの人が拒否するか、質問を無視するだろう。おそらく多忙で注意が向かないか、あるいは情報の共有がもたらす潜在的な利益を失いたくないからだ。情報の共有を切り替えるかどうか判断するために少し考えなければならず、わかりにくい資料を読まなければならず、選好を明らかにしなければならない状況でそうなりやすい。その場合、情報は共有されたままになる。

結果的に、インターネットでのプライバシーという領域では、デフォルト・ルールに左右される部分が大きい。ウェブ・ブラウザのデフォルトがプライバシーを保護する設定になっていれば、毎回プライバシーの設定を選択しなければならない場合と比べて結果はかなり異なるだろう。一例として、グーグル・クロームの最近の選択アーキテクチャーを見てみよう。利用者は「シークレットモード〔サイトの閲覧履歴やダウンロードの記録が残らないようにする機能〕」を選べるが、これはデフォルトではないし、利用者がこれをデフォルトに設定するのは簡単ではない。そうできない仕様になっているのだ。利用者はログインするたびに「シークレットモード」を選ばなければならない。結果としてこのモードを選ぶ回数はぐっと減る。

グーグルがこのことを承知しているのは間違いなく、情報共有にとって有利な惰性を利用するための選択アーキテクチャーを採用しているのだ。「復帰」するデフォルト――変更は可能だが、アーキテクトが好む選択肢に復帰するので、訪問するたびに変更が必要なデフォルト――として知られる機能を使うことに経済的利益があるという理由もあって、グーグルはそうしている。復帰するデフォルトの重要性については後ほど論じる。

休暇の日数　休暇の日数や健康保険といった職場の福利厚生は、法律に関するデフォルト・ルールに左右されるだろうか？　ここまで読み進めた読者なら、答えがイエスだと聞いても驚かないだろう。そのわけを理解するために、数年前に私が実施した簡単な実験を見てみよう。(8) この実験には法科の学生約一五〇人が参加し、七五人ずつが二つの質問のいずれかに答えた。いずれの質問も現実離れしたものではなかったことを断っておく。学生は職業の選択に際して変数を取引する立場に置かれた。休暇の日数も給与の額も、学生の判断にとって重要である。

質問1

あなたは大都市の法律事務所での仕事を受けたとします。年収は一二万ドルです。州法によって、すべての企業は、法律事務所のアソシエイトも含め、経営にかかわらない従業員に毎年最低二週間の休暇を与えることが定められています。

あなたが選んだ法律事務所が、二週間の追加の休暇を与えるのと引き替えに給与をいくらか減額すると提案したとします。二週間の追加の休暇をとるために、給与の減額という形で、いくらまでなら進んで支払いますか？（追加の休暇をとるための交渉によって、あなたにはなんの不利益も生じないものとします。）

質問2

あなたは大都市の法律事務所での仕事を受けたとします。年収は一二万ドルです。州法によって、すべての企業は、法律事務所のアソシエイトも含め、経営にかかわらない従業員に、毎年最低二週間の放棄できない休暇を与えることが定められています。同じく州法によって、すべての企業は、法律事務所のアソシエイトも含め、経営にかかわらない従業員に、毎年放棄可能な二週間の追加の休暇を与えることが定められています。追加の二週間は当事者間の「明白かつ強制されない合意」によってのみ放棄できます。

あなたが選んだ法律事務所が、二週間の追加の休暇をとる権利を放棄してもらうのと引き替えに追加の給与を支払う用意があるとします。二週間の追加の休暇をとる権利を放棄するために、追加の給与として法律事務所があなたに支払うべき最低金額はいくらですか？（あなたが休暇を放棄することを拒否したり、休暇を放棄するために高額の給与を要求しても、あなたにはなんの不利益も生じないものとします。）

結果は劇的だった。法律上のデフォルト・ルールに追加の休暇が含まれない場合、人は休暇を「買う」ためにあまり金を払おうとしない。法律上のデフォルト・ルールに追加の休暇が含まれる場合、休暇を放棄するためにはかなりの金額を要求する。具体的には、進んで支払う金額の中央値（質問1）は六〇〇〇ドル、一方、快く受け取る金額の中央値（質問2）は一万三〇〇〇ドルだった。

この二対一の差はさまざまな場面に見られる。(9) すでに所有しているものを売りたいかどうか尋ねると、所有していない場合に進んで払おうとする金額の約二倍を提示することが多い。少なくとも金銭的価値がはっきりしないものに関してはそうだ。つぎの点は重要である。人が最初からものを所有しているか、それともそれを買わなければならないかは、デフォルト・ルールによって決まることが多い。

■それはなぜか？

デフォルト・ルールがこれほどの影響を結果に及ぼす理由を、数多くの研究が探っている[10]。ときとして、オプト・アウト（拒絶の選択）の選択肢は見えづらく、それを見つけるための作業を要する。その場合はデフォルトを変更できることさえわからないので、そこから離れないのがいちばん簡単だ。別の場合には、利用者がデフォルトを切り替えることを選択アーキテクトが望まず、変更しようとする人に重い負荷を課すので、オプト・アウトするのに実質的なコストがかかる。あるいは利用者が事情に不案内であったり、混乱していることもあるだろうが、そのときは情報不足や混乱のせいで現状にとどまることになるかもしれない。根本的な問題がはっきりしない場合は、現状のまま、ほかの問題に関心を向けるかもしれない。ところがこれらの要因がなく、また切り替えが容易であっても、デフォルトは固着しやすく、それには主な理由が三つある。

■惰性の力

基本的な問題　第一の理由は惰性と先送りがかかわる（「努力」もしくは「努力税」と表現されることがある[11]）。デフォルト・ルールを変更するには、そのルールを拒絶するという能動的選択が必要となる。あなたは関連する質問——貯蓄プランに加入するべきか、自然エネルギーを利用するべきか、プライバシーに関する方針は利益をもたらすか、それとも損失をもたらすか、あるいは特定のチップを払うべきかどうか――に注意を向けて、答えを出さなければならない。とくに忙しい場合（そればかりではないが）、あるいは質問が難しかったり専門的すぎたりする場合、それとも単に答えがよくわからない場合には判断を先送りするか、もしくは放棄したくなる。惰性の力および先延ばしの傾向のゆえに、あなたは現状にとどまるのかもしれない。

スティーヴ・クルーグのウェブデザインに関する優れた本には『私に考えさせないでくれ』（邦題『ウェブユーザビリティの法則』中野恵美子訳、ソフトバンククリエイティブ）というふさわしい書名が当てられている[12]。クルーグはこう問いかける。「私のサイトもしくはアプリケーションを使いやすくしたいとしたら、私がなすべき最も重要なことは何か？」クルーグはどう答えているだろう。書名がその答えだ。ウェブページのデザインがよくできていれば「考える努力をせずに――それがなんであり、どう使うのかを――〝理解〟できるはずだ」と彼は訴える。人は挑戦したいときや気を紛らわしたいときにことのほか難問を楽しむことがあるが、「概して、人はものごとの進め方で頭を悩ませるのを好まない」とクルーグは認めている。デフォルト・ルールが効果的である理由の一つはこれだ。

この点に関して、惰性が強い影響力を発揮するテレビの視聴についての研究を見てみよう[13]。ある番組の人気が出ると後続の番組の人気も上がるが、それは単に現在見ているチャンネルがデフォルトとなるからにすぎない。イタリアでは、ある番組の人気が一〇パーセント上がると、後続の番組の視聴者が二〜四パーセントも増える。著しい調査結果として、テレビ局は番組編成を組むときに、視聴者のこの行動様式を活用している。そうしないとテレビ局は四〇パーセントもの利益を失うことになるという。

もちろんテレビのチャンネルはボタンを押すだけで変更でき、チャンネルの切り替えは簡単だ。デフォルト・ルールのオプト・イン（加入の選択）、オプト・アウト（拒絶の選択）も同じくらい簡単かもしれない。ところが多くの場合、それにはいくらかの思考を要し、いくらかのリスクがかかわる。人は考えることもリスクを負うことも望まないという、ただそれだけで、デフォルト・ルールは固着するのかもしれない。たとえそういったことをいとわないとしても、明日にしようと考えるかもしれない。そしてその明日は永遠に訪れないのだ。

経済学および法の経済分析の分野では普通、「取引費用」に言及するが、これが行動を邪魔する大きな障害となりうる。たとえば契約の締結には時間と労力を要し、契約に向けて情報を集めなければならない場合はなおのこと、人は時間も労力も使いたがらないだろう。取引費用のせいで、双方に利益をもたらす多くの契約が結ばれずに終わる。デフォルト・ルールが固着するのは取引費用が理由かもしれない。つまりデフォルト・ルールを変更するための知識や時間がないのかもしれない。しかし行動経済学はここに別の視点を追加した。取引費用がゼロもしくはほぼゼロであっても、惰性はきわめて強力であり、人がデフォルトを気に入っていることに気づいていなくても、またたとえデフォルトが気に入らないことに気づいていても、デフォルト――どんなものであれ――にとどまる（後で見るように、デフォルトを嫌っていれば事情が異なる）。

人間の脳　人間の脳はどうだろうか？　デフォルトの効果を示す神経学的マーカーはあるのだろうか？　機能ＭＲＩの画像診断を使った脳の研究で、複雑な状況ではデフォルトの設定がとくに重要になるという直感を裏づける結果が出た[14]。この研究では、実験参加者がテニスの試合の線審を務めた。試合ではボールがインまたはアウトであることを示唆する、規定のデフォルトが参加者に示された。しかし、線審の判断がデフォルトと違うときは、それを無視しても構わなかった。接戦で判断が難しくなると、デフォルトに従う傾向が増した。

このこと自体はたいして驚きではない。最も著しい結果は、人がデフォルトに従うときに、より難しい判断にかかわる脳の領域（前頭葉下部）の働きが活発になったことである。この結果には一般的な意味合いがある。この結果から、デフォルト・ルールは基本的な判断が難しい場合に固着しやすく、したがって専門的な分野もしくは不案内な分野でとくに有力となることが裏づけられたのだ。こうした状況では、オプト・アウト（拒絶の選択）の権限が惰性に対する有益な予防措置となりにくいことも、この結果は示している。この結果と矛盾することなく、これまで問題の複雑さはデフォルトが影響力を発揮する独立した理由として扱われることもあったが、問題の複雑さはむしろ惰性を強化、すなわち「努力税」を引き上げる要因として扱うのがより適切かもしれない[15]。

二種類の努力　ここでは二種類の努力を区別することが重要である。一つ目は、問題およびデフォルト・ルールに焦点を絞り、かつデフォルト・ルールを変更するべきかどうかに焦点を絞る努力である。あなたには最初から何かしらの選好があったとしても、このような努力は控え目にいってもありがたくないかもしれない。化石燃料より自然エネルギーを選好するとしても、高い料金を余分に払うのはうれしくないかもしれないし、この問題全般について調べる価値はないかもしれない。慈善事業にもう少し寄付したいと思っても、そのための手間をかけたくないかもしれない。人生は短く、人は忙しく、ほかにもっと楽しいこと、あるいはもっと差し迫ったことがあるのだ。

おそらく、より興味深い第二の努力は、最初の段階での選好の形成にかかわる。貯蓄プランやエクササイズのプログラムに加入するかどうか、あるいは新しい活動を始めるかどうかについての選好はまだ形成されていないかもしれない。デフォルト・ルールはその選好の形成を助けてくれるかもしれない。すなわちデフォルト・ルールは彼らが何を求めているかについての情報を提供し、判断させることさえある。自分の選好を判断するためであっても、実質的な作業が必要になるかもしれない。たとえばどの健康保険プランが最適かという問いについて考えてみよう。この問いに関する選好がないとすると、選好を決めるのにかなりの作業を要するかもしれない。そして、人はその作業に携わりたくないかもしれないのだ。

デフォルトを固着しやすくするのに、この二種類の努力が重要であることは、人は疲れているときにデフォルト・ルールにとどまりやすいという証拠によって実証されている[16]。これまで一時間にわたりいくつもの判断を下してきて、さらに別の判断を求められたとしよう。「判断疲れ」でまいっていると、人はなおさらデフォルトにとどまりやすくなる。ここでの重要な意味合いの一つは、時間が著しく足りない、もしくは判断するべきことがいくつもある場合に、デフォルトがとりわけ魅力を持つ点である。「どうでもいいよ」といった短絡的な対応をしないように我慢するのは難しいのだ。

これは政府も企業も留意すべき重要なポイントである。心理学者は「認知的負荷」の影響を研究してきた。認知的負荷は特定の時間に人が行う認知作業の量に関連する[17]。たとえばあなたが最近、難しい算数の問題を解こうとした、あるいは並べた数字を暗記するように求められたとすると、そのことがその後の選択や行動に影響するかもしれない。高い認知的負荷がかかると、ニンジンではなくチョコレートケーキを選びがちになり、一般に最も抵抗が小さい道を選ぶようになる。認知的負荷が高くなると、デフォルト・ルールはことのほか固着しやすいことが判明するかもしれない。これは、とくに忙しい人や重圧にさらされている人が、とりわけデフォルト・ルールを受け入れやすくなることを示している。

それほど寒くない場合　惰性の影響に関して、サーモスタットのデフォルトの設定温度の変更が、経済協力開発機構の職員の行動に大きな影響を与えた研究成果について考えてみよう[18]。冬季にデフォルトを摂氏一度下げたところ、選択された設定温度の平均値が大幅に下がった。惰性の力を踏まえたうえで、最も妥当な説明をするなら、職員の大半はわざわざデフォルトを変更するほどの価値はないと考えたのだ。この解釈はとりわけ注目に値するつぎの結果によって裏づけられている。選択アーキテクトがデフォルトを摂氏二度下げたところ、選択された設定温度の平均値の減少幅は小さくなった。どうやら十分な数の職員が寒すぎると考えて、設定を好みの温度に戻したらしい。不快感が明らかになると、惰性は負けるということだ。

この研究は奥が深いと思うので、後ほど改めて論じる。奥が深いというのは、たとえデフォルト・ルールが快適とはいいきれなくても固着することを示唆しているからである。ところが人は本当に寒いと感じ始めるとデフォルト・ルールを拒絶する。ここにはデフォルト・ルールの役割および多くの設定における惰性の力についての重要な教訓がある。

この研究は別のことも示唆している。職場ではとりわけ自分の行動が監視されているとみなすと、人は社会的影響を受けやすくなる。環境に優しいデフォルト・ルールを示されれば、あなたはそれを変更しないかもしれない。少なくとも、デフォルト・ルールを変えたことが同僚にわかるのであれば変更しないだろう。デフォルト・ルールがない状況では、もちろん各自の羞恥心、罪悪感、人としての良心が働くことがある。だが羞恥心、罪悪感、良心は行動を変えるには不十分なこともあるのに反して、他者による監視は効果が大きい。少なくとも、それほど寒いと感じていない場合には効果がある。

■情報のシグナルとしてのデフォルト・ルール

二番目の要因は、デフォルト・ルールが提供する「情報のシグナル」とみなしうるものがかかわる。選択アーキテクトが明確にデフォルト・ルールを選んだのであれば、自分のしていることを理解している人によって暗黙の提案がなされたものと考える人は多いだろう。だとすると、デフォルトを変更するのが正しいと正当化する信頼できる私的な情報がないかぎり、デフォルトを離れて自分で選択するのはやめておこうと考えるだろう(19)。自分の思うようにするのはリスクが大きく、そうするべきだという確信がないかぎり、そうしたくないのではないか。

シグナル　デフォルトで自然エネルギーが選択されている、あるいは官民の組織が職員や従業員をデフォルトで特定の年金プランや健康保険プランに自動的に加入させるとしよう。このようなデフォルトを示されると、専門家や良識ある権威者が、それらは正しい行動の指針であると確信しているものと、多くの人が考えたがる。オプト・アウトするべきかどうか判断するのに、あなたは選択アーキテクトを信頼して、その助言に従うかもしれない。多くの人が、デフォルトは賢くてまともで頭が切れる人によって、もっともな理由で選択されたと考えるようだ。とくに自分に経験や専門知識がないときは、あなたのために選ばれた選択肢に素直に従うかもしれない。

事実、選択する側に代替案についての情報も含めて情報が不足している場合、そのことがデフォルトの影響力を説明する主な要因となることを示す有力な証拠がある。[20]目の前の問題に関して自分に経験や専門知識があると考える場合、デフォルト・ルールの影響が小さくなりうることを、この証拠は示唆している。

実際に、環境経済学者がかかわったある研究で、まさにこの影響を裏づける結果が得られた。この実験で経済学者らは、環境分野において選択されたデフォルトを拒否している。[21]これはカーボン・オフセット（二酸化炭素排出量の相殺）〔人間の活動によって排出された二酸化炭素などの温室効果ガスを、植林やクリーンエネルギー事業による削減活動によって吸収しようとする考え方〕に関する実験である。二〇〇八年六月に開催された欧州環境資源経済学会の年次総会の出席者が被験者となった。出席者はカーボン・オフセットに関する選好を明記しないかぎり、総会への登録を完了できなかった。実験を組み立てる際、出席者はつぎの三つの条件のいずれかを無作為に割り当てられた。第一の条件は、全量オフセットの形での相殺がデフォルトとされた。出席者は「私は自分の二酸化炭素排出を相殺することを望まない」と表明することで、オプト・アウト（拒絶の選択）できた。第二の条件では、デフォルトでカーボン・オフセットなしの選択肢を示され、オフセットを選択（オプト・イン）しなければならなかった。三番目の条件には「能動的選択」がかかわり、出席者は学会に参加するための出張中の二酸化炭素排出を相殺するかどうかを能動的に選ばされた。

意外にも、三つの条件で統計的に有意な差は見られなかった。環境の専門家は自分の選好を知っている。大方はオフセットすることを選ぶ。オプト・アウトまたはオプト・インしなければならないか、それとも能動的に選択しなければならないかに関係なく、彼らは自分のしたいように選択している。

信頼と情報　ここで暗示されるのは、当然ながら、人は自分がどうしたいかわからなければ、デフォルトにとどまりやすいということである。別の研究で、デフォルトにとどまった人の半数以上が、そうすることにした理由の一つとして具体的に情報不足を挙げた[22]。ということは、選択者が選択アーキテクトを信用していなければ、はるかにオプト・アウトしやすくなる。この主張にも根拠がある[23]。これは、デフォルト・ルールを固着させているのが惰性なのか、それとも推奨がなされたという理解なのかを確かめる一つの手段となる。人が選択アーキテクトを信頼していないためにオプト・アウトする場合、惰性はそれほど強くない。

非対称性　一方で、デフォルト・ルールの影響力を「情報を伝えるシグナル」で説明する場合、重要な条件があり、そこには加入と非加入に対する反応のしかたの主な違いがかかわる[24]。すなわち、自動加入には何が賢明か、あるいは最適かについての情報が伴うが、自動非加入にはそのような情報が伴わないと人は信じている。健康保険プランや貯蓄プランに自動加入させられる場合、加入することがその人のためになると誰かが判断したものとみなす。しかし自動加入させられない場合は、そうは考えない。非加入はなんのシグナルも伝えないのである。

なぜかというと、人が自動加入を受け入れるのは、選択アーキテクトの意図的な判断に従った結果だからである。アーキテクトはもっともな理由がある場合にかぎり自動加入を採用するものと人は考える。一方、非加入は単に何も行動しないことの反映であり、そこには裏づけとなる判断もないし、したがってなんの情報も伝えないと考える。当然ながら、これはまったくもっともらしい推測である。手続きを踏まないと加入できないようにシステムが組まれているときに、雇用主あるいはほかの誰かが、あなたは加入するべきではないと考えている、と判断する理由はない。

この結果は、デフォルト・ルールの根拠についてなんらかの判断を下したがる人が多いことを示している。自動加入は、加入するのがよいことであるという考えが動機となっているものと、人は理解する。ところが非加入は特定の動機を反映せず、何が最適かについての考えを伝えないと彼らは考える（非加入は単に何もしないことの結果であるという見方が、もっともらしい推測でもある点に注意）。これが今度はパターナリズムの問題にかかわってくる。非加入はたしかにデフォルトである。それは最初の割り当てを表しており、固着する傾向がある。しかしながら選択アーキテクトの考えを示唆するほどには、人は非加入について理解していないので、重要な次元では中立的である。だが、自動加入は違う。たとえ比較的穏やかで自由主義的なパターナリズムであっても拒絶する人のなかには、そういう理由で非加入を好む人がいるかもしれない。

ここで重要な経験的事実は、自動加入は惰性と推奨の両方の結果として固着する一方で、自動非加入は惰性の結果としてのみ固着するということである。自動加入は、選択アーキテクトが信用されている場合にとくに固着しやすいが、信用が低い場合はそれほどでもない、という結果が実験によって裏づけられた[25]。これは筋が通っている。選択アーキテクトが違法な理由で自動加入を設定したとみなぜならば、人はその設定を進んで拒絶するだろう。だがこの場合、選択アーキテクトにあまり信用がなければ、設定が選択アーキテクトの違法な判断を反映しているはずだと仮定できないため、同じような非加入への転向は起こらないはずだ。事実、この研究ではそのような転向は見られなかった。[26]

■損失回避と基準点

デフォルト・ルールになぜこれほどの影響力があるのかについての第三の説明を理解するために、「損失回避」の行動に関する結果を見てみよう。これは行動科学全般にわたり最も重要で、ゆるぎない研究成果の一つである。ここから、人は利益を好むよりも同程度の損をはるかに嫌う、という基本的な結論が導き出せる。[27] 一般に、人は現状からの損失を避けるために手を尽くす。デフォルト・ルールは現状を確定する。すなわちデフォルト・ルールは変化を損失または利益とみなすための基準点となるのだ。

損失回避の影響が大きいことを示す明らかな証拠として、使い捨てのレジ袋に五セントという少額の税を課したワシントンDCの研究を見てみよう。[28] この研究では、レジ袋の使用量を減らすうえで、少額であっても税の影響が大きいことが示された。たとえ失う金額はわずかでも、人は損を避けたがる。少額の助成金という形での利益がある場合、同様の影響はあるだろうか？　それがなかった。税金を課す前に、店は再利用可能な袋を使用する客に五セントの値引きを提供したが、本質的に影響はなかった。重要なのは潜在的な利益ではなく、潜在的な損失だったのである。

このことには一般的な意味合いがある。行動を促すことが目的ならば、値引きを提示するべきか、それとも罰金を科すと脅すべきか？　人を脅すのはよくないが、損をする可能性があれば、たとえわずかな額でもそこに気持ちが集中する傾向がある。

差し当たって重要なのは、損と利益のどちらがかかわるにせよ、それは自然に湧いてくるわけでも、天から降ってくるわけでもないということだ。何が損失としてカウントされ、何が利益としてカウントされるかをデフォルト・ルールが決める。ちょっとした例を挙げよう。プロゴルファーはトーナメントでよい成績を出せば報酬を支払われる。一打は一打であり、七二打打てば、一八ホール全部パーで回ろうが、九バーディー、九ボギーで回ろうが、スコアは同じだ（ゴルフをしない人のために説明すると、「パー」とは腕のいいゴルファーに期待されるスコアであり、「バーディー」はパーより一打少なく、「ボギー」はパーより一打多い）。それにもかかわらず、プロゴルファーはバーディーを狙っているときよりもパーを狙っているときのほうがよい成績を出す[29]。これはパーがある意味、デフォルトとなり、そこから一打失いたくないと考えるからだ。バーディーは悪くない、むしろすばらしい。だが、ボギーがまずいのと同じ程度にすばらしくはない。少なくともプロゴルファーの心境はこういうものであるらしい。たとえスコアボードでは一打は一打だとしても。この例で注目すべき特徴の一つに、何打をパーとするかは自然に決まるのではなく、慣例にすぎないという点がある。「四打」ではなく「三打」をパーとするという選択が、損失と利益を決めるのだ。

損失回避の影響力およびデフォルト・ルールとの関係を理解するために、教師へのインセンティブに注目した独創的な研究について考えてみよう[30]。生徒の成績を上げるために、教師の能力向上を促すことに多くの人が関心を示してきた。金銭的インセンティブを提供した結果はかなりばらつきがある。残念なことに、このような取り組みの多くは失敗している。[31] ところが関連する研究で、デフォルトを設定しなおすことで損失回避が働いた。実験の立案者らはあらかじめ教師にお金を渡しておいて、生徒の成績が上がらなければそのお金を返さなければならないと告げた。その結果、生徒の数学の点数は著しく伸びて、教師の質が大幅に改善した場合に匹敵する成績向上が見られた。この場合、給与に関しては現況からの損失がとりわけ歓迎されず、そのような損を避けるために人は努力するものと考えられる。

この研究で、何が損失とみなされるかは、デフォルト・ルールによって決まる基準点に左右されることが確認された。従業員が毎月五〇〇〇ドルの給与を手取りで受け取っているとして、貯蓄に回すためにそこから差し引かれることを彼らが望むかどうか、という問題が提起された。給料から引かれるとなれば、従業員の多くは辞退するかもしれない。給与のうちまとまった額を失ってもいいと誰が思うだろうか？　ところが最初から雇用主が手取りで月額四八〇〇ドルを従業員に払い、従業員に代わって月二〇〇ドルを貯蓄に回すとしたら、従業員の多くは文句をいわないかもしれない。むしろ月二〇〇ドルの貯蓄をやめることになれば、彼らは強く抵抗するかもしれない。誰が貯金を失っても構わないと思うだろうか？　デフォルト・ルールの影響力に関して、これまでに説明してきた結果の多くは損失回避の産物なのかもしれない。

要するに、損失回避は重要であり、デフォルト・ルールの影響を説明するのに役に立つ。エネルギーの利用および環境保護の事例は重要である。デフォルト・ルールでエネルギー効率のよい電球を支持したうえで、効率の劣る電球を使いたいかと人に尋ねれば、（効率の低下という観点での）損失の重要度が増すかもしれない。その場合、彼らはエネルギー効率のよい電球を購入し続けるだろう[32]。けれどもデフォルト・ルールで効率の悪い（当初は安上がりな）電球を支持しておいて、効率のよい電球を使うために余分に金を払ってもよいかと聞けば、（初期費用という観点での）損失の重要度が増すかもしれない。その場合、効率の劣る電球が選ばれる傾向がある。環境にかかわる問題では、損失回避が理由の一つとなり、デフォルト・ルールの重要性が増す。

損失回避が人類に（そしてほかの種にも同様に）どうやら生まれつき備わっているらしいことを強調しておくことは重要である。損失回避はさまざまな人や状況に見られる。しかし大事なのは状況だ。脅威が迫る可能性があり、人々がとりわけ自己防衛を意識しているとき、彼らはいっそう損失を避けようとする。つぎは損失回避性が見られなくなる数少ない介入の例である。男性がロマンチックな状況を想像するようにいわれて性的に興奮すると、それ以降、損失回避行動をとらなくなる（女性にはそのような変化は見られない[33]）。

■責任感、罪悪感、羞恥心

これまでに概説した三点は主なものだが、要因はほかにもある[34]。とくに、デフォルト・ルールが固着するのは、人が責任をとりたがらないためかもしれない。人はそういう理由で選択しない選択をする。

たとえばデフォルトで自然エネルギーを選ばされるとしよう。人は、デフォルトを変更するのは道徳的に問題であり、善良な市民の規範を犯すことになると考えて、変更しないかもしれない[35]。ひょっとすると、お金を節約したいという理由で自然エネルギーを選ぶこと（オプト・イン）を拒絶するかもしれないし、能動的選択を求められる状況では自然エネルギーを選択しないかもしれない。それでもデフォルト・ルールが環境によいならば、羞恥心や罪悪感を避けるためにデフォルトにとどまるかもしれない。環境に優しい方式にオプト・インしないのと、オプト・アウトして環境に優しくない方式を選択するのとでは、まったく事情が異なるのだ。

判断になんらかの倫理的側面がかかわるなら、どんなケースであれ、このことが当てはまる。というのは能動的選択は受動的選択よりもはるかに責任感を誘発するからである(36)。最もわかりやすいのは他者に影響を及ぼす選択にかかわる例である。タクシーでのデフォルトのチップの話に戻ろう。少額のチップを選んで高額のデフォルトを拒絶する場合、しかも能動的にその選択をするとなると、あなたは社会規範を犯している気がして、自分はいくらか利己的で不親切だと感じるかもしれない。そのため少額のチップは選ばないかもしれない――仮に受動的選択であればそうしたとしても。社会規範は何が公正で何が不正とみなされるかも規定するので、能動的には絶対に不正行為を選択をしない人でも、受動的にであれば進んで不正行為を選ぶかもしれない。テニス選手のジョンは一回の試合あるいはたとえ一セットでも、スコアをごまかさないことをいつも変わらぬ信条としているかもしれないが、ダブルスを組んだトーマスがジョンに有利な勘違いをしても、ジョンはおそらくその勘違いを正さないだろう。ジョンは絶対に税金をごまかさないとしても、彼には受け取る資格のない小切手が国税庁から送られてきたとすると、国税庁の誤りを指摘しないかもしれない。基本的に、人が――デフォルトで――受動的選択をする場合、個人の責任感は薄れるのだ。

人は自分にも責任感を覚える。食事の際にデフォルトの料理の盛りつけが少なければ、それともレストランやカフェテリアがデフォルトで健康によい料理を選ぶとすれば、あなたは健康を損なうような結果に責任を負いたくないかもしれない。大盛りもしくはあまり健康によくない料理は頼まないだろう。ところがデフォルトで大盛りもしくはあまり健康によくない料理を提供されたなら、文句をいったり、取り替えてほしいと求めたりしないはずだ。責任感と能動的または受動的な判断との関係については、さらに研究する必要がある。しかしながら基本事項は明らかである。

■多様な説明、多様な懸念

政策立案者を含めた、官民の組織における選択アーキテクトにとって、デフォルト・ルールの固着性の説明は、デフォルト・ルールを変更するかどうかの判断にかかわるかもしれない。いずれの説明にもそれぞれに懸念がある。

選択アーキテクトがデフォルト・ルールを暗に勧めていると考えて、人がそれを変えないとする。これはある意味、アーキテクトにとって解放感をもたらす考えのように思われ、彼らは自分たちが実際に推奨するデフォルト・ルールを、自由に採用できると考えるかもしれない。ところがこの考えを打ち消す懸念がある。信頼されている権威者が人に何かの行動を指示した場合、それが悪いことであり、残虐さがかかわる場合でさえ、人が指示通りに行動する傾向が強まることが、数々の研究で示されている。スタンレー・ミルグラムによる有名な研究では、実験で質問の答えを間違えた人に電気ショックを与えるように指示したところ、実験参加者は進んで指示に従った(37)（実際には電気ショックは偽物だったが、参加者はそのことを知らなかった）。ミルグラムは「権威者への服従」の重要性を力説しており、このような服従が、恐ろしいことに手を貸すように人を導きかねないと考えた。ミルグラムの実験結果の最も納得のいく説明は、一部の専門家は信用でき、分別があり、頼れると考えられているという事実を指摘している。要するに特定の権威者に専門知識があるように見えるとき、人はその権威者に従うのだ(38)。

するとここで重大な問題が生じる。本物または見せかけの専門知識を尊重するあまり、たとえデフォルト・ルールが有害、利己的もしくは非道だとしても、人はそれを設定した権威者に従うかもしれない。もちろん選択アーキテクトは自分のことを非道だと思っていないだろうし、このような懸念にはそれほど動揺しないだろう。しかしながら社会的に見て、権威者の影響力や専門知識は、制度化された予防策を支持する論拠となり、選択アーキテクトが信用できない状況ではことによると能動的選択が求められるかもしれない。服従にはマイナス面があるのだ。これについては後で再度論じる。

デフォルト・ルールが惰性もしくは損失回避の結果、固着するとしたら、根本にある懸念は異なってくる。その場合、操作という重大なリスクがあるかもしれず、人の行為主体性や尊厳さえも損ないかねない。ひょっとすると選択アーキテクトは自分にとって好ましい結果を生むために、人の行動に関する研究成果を利用しているかもしれないのだ(39)。操作は目に余る行為であり、選択アーキテクトが自分のしていることを隠しているとしたら、それは説得力のある反対理由となるかもしれない。だからこそデフォルト・ルールは公開するべきであり、どんな形であれ隠すべきではない。公開すれば、操作しているという疑いが正当化される可能性は低くなる。能動的選択が要求されないかぎり、なんらかのデフォルト・ルールが必要であり、必要不可欠のデフォルト・ルールを容認しがたい操作の一形態とみなすのはあまり意味がない。貯蓄プランで自動加入方式を採用するのは本当に操作といえるだろうか？　自動非加入方式を採用するよりも操作の度合いは強いだろうか？　片面印刷ではなく両面印刷をデフォルトとすると、操作の度合いは高まるだろうか？　デフォルト・ルールとは何かを伝えているかぎり、懐疑的な人でさえそれは操作だと非難するのをためらうはずだ。

とはいえ、選択アーキテクトが最善と考える結果を出すために、彼らがしばしばデフォルト・ルールを選択することは間違いなく、人がデフォルト・ルールにまったく関心を示さないことがあるのもまた事実である（だからこそ彼らはデフォルト・ルールから離れないのだ）。それで助かることもあるが、問題もある。いずれにせよ十分な情報を持たない、あるいは信用できない選択アーキテクトがかかわる場合は、とくに人間の尊厳の観点から、能動的選択に有利な説得力のある論拠が生まれる。これについては後ほど論じる。だがまずは、一部のデフォルト・ルールが固着しない理由、そして人はなぜ、とりあえず選択するのかを理解することが重要である。

第2章　とりあえず選択する

状況によって、デフォルト・ルールは固着しない。とりわけ固着しないデフォルトとして、結婚後の名字について見てみよう(1)。

結婚するとき、アメリカではすべての州で同じデフォルト・ルールを用意しており、男女とも結婚前の姓をそのまま使用することになっている。しかしこのデフォルト・ルールにはまったく必然性がない。代案を想像するのは簡単である。たとえば、

・夫の姓はそのままで、妻が夫の姓に変わる。差別的だが(またほぼ確実に違憲であるが)、少なくともアメリカでの実情はこれに近い。
・夫が妻の姓に変わり、妻の姓は変わらない。
・夫婦の姓をハイフンでつなぐ。

・夫婦の姓をスカイウォーカー、オバマ、ギャガ、ポテトヘッドなどに変える。

現行ルールの効果はどうだろうか？　圧倒的多数の事例において、アメリカ人男性はデフォルトから離れない。名字を変える男性はごくわずかである。一方、アメリカ人女性の大多数は名字を変え、大卒女性では八割に上る。(2)この点に関して、デフォルト・ルールが女性に及ぼす影響はかなり小さいようだ。たしかに、名字を変えることがデフォルトになれば、名字を変える女性の割合はさらに増えるかもしれない。とはいえ、既婚女性のほとんどがデフォルトを拒絶しているのは意味深い。

■明らかな選好と極端なデフォルト

女性の姓の選択ではなぜデフォルト・ルールが固着しないのだろうか？　四つの要因が重要だと思われる。まず第一に、多くの女性が積極的に名字を変えることを望んでおり、彼女らの願望にはあいまいさがない。これは選好があいまいだったり、選好を明らかにするために作業が必要な、複雑であるとか不案内な分野の話ではない。まさしく、多くの女性は間違いなく社会規範の影響を受けている。なかにはその影響を受けたがらない女性もいるかもしれない。しかしあらゆることを考慮しても、彼女たちの選好はあいまいではない。社会規範が強力であれば、その影響は法律上のデフォルト・ルールの影響を上回るかもしれない――これは広く影響を及ぼす。

第二に、これは既婚女性にとってよく目につく問題である。背景に隠れた問題ではない。結婚は明確な事実であり、決定的な出来事でもあるため、必要な行動をとるタイミングはかなりはっきりしている。そのため先送りと惰性の重要性が低い。つまり努力税を払う価値があるということだ。

第三に、名字の変更は変更する一部の人もしくは多くの人にとって一種の祝い事である。名字の変更は、ほとんどの女性が先送りしようとしたり、義務とみなしたり、あるいは将来的に自分の役に立てるための行為ではない。人が積極的に選びたがるなら――選ぶことが楽しいか意味があるなら――想定される「努力税」は税とはいえない。それは一種の「努力に対する補助金」といえるかもしれない。選ぶことが負担ではなく恩恵となるときに起こることについて、ここにはより重要な教訓がある。

第四に、夫婦ともに自分の名字を使い続けるといささか困ることがある。（それだけに限らないが）とくに子どもがいる場合は困る。妻の名字が夫と違う、もしくはその逆の場合、説明したり、書類を作成したりして、混乱を解消する必要があるかもしれない。民間および公的な組織によっては、事情を説明するのに手間も時間もかかることがある。一部の女性にとって、夫と名字が違うと生活は余計にややこしくなる。社会慣行はデフォルトを覆す強力なインセンティブとなる。関連する条件が合えば――明らかな選好、明らかなタイミング、オプト・イン（加入の選択）についての好感、オプト・インにより生活がずっと楽で単純になる――デフォルト・ルールはそれほど重要ではなさそうだ(3)。

実際、明確な選好は、デフォルト・ルールが固着しないことを保証するのに十分なようだ。選好はデフォルト・ルールに先立つのではなく、デフォルト・ルールによって形成されるのかもしれないという例を見てきた。これはデフォルト・ルールが重視される一因である。しかし選好がはっきりしていれば、デフォルト・ルールの影響はかなり小さくなる。この場合、惰性は負けるだろう。人はデフォルト・ルールに反映されるようないかなる提案にもあまり心を動かされなくなるだろう（夫婦の名字では、デフォルトは心を動かすような提案をしない）。損失回避の関連性はかなり小さくなるだろう。一つの理由として、デフォルト・ルールではなく、明確な選好が損失を測るための基準点となるからである。

冬場にサーモスタットのデフォルトの設定温度を摂氏二度下げたときに、設定温度が変更されたことを思い出してほしい。人は寒いときは寒いとわかるし、寒いままでいたがらない。あるいは所得の八割を貯蓄に回す、所得の六割を国庫に回す（税引き後）、所得の二割を大嫌いな人の預金口座に入れる、もしくは所得の一割をトイレに流すというプランに従業員が自動的に加入させられるとしよう。[4]このようなプランに加入させられた従業員の大半は、間違いなくオプト・アウト（拒絶の選択）するだろう。彼らはとりあえず選択するはずだ。

イギリスのある研究では、先ほど挙げたプランほどひどくないものの、デフォルトの拠出率が著しく高い貯蓄プラン（税引き前所得の一二パーセント）から、ほとんどの人がオプト・アウトした。[5]一年後もその率で貯蓄を続けた従業員はわずか二五パーセントほどで、約六〇パーセントがデフォルトの拠出率がもっと低いプランに移行した。所得の低い従業員のほうが現金をより必要とする現状にいることを考えると、オプト・アウトする強い理由があって当然かもしれないのに、そういった人々のほうが並はずれて高い拠出率のプランにとどまる傾向が強かったことは、注目に値する。同様の研究成果が至る所に見られ、低学歴もしくは教養の低い人のほうがデフォルトにとどまる傾向が強かった。この点および問題点については後ほど改めて論じる。[6]

デフォルト・ルールの影響が大きくない状況はほかにもある。デフォルトで税の還付金のうちまとまった金額が米国の貯蓄債権に回されるとしても、従業員はデフォルトの影響をあまり受けない。多くの人は還付金の使い道に関してすでに明確な計画を立てており、貯蓄に回すことにあまり関心がないためにオプト・アウトする。(7) ここでの主要な発見――特定の結果に対する確固たる選好がもともとある場合、デフォルト・ルールの影響は小さく、まったく影響を及ぼさないこともある――は警告であると同時にチャンスでもある。このことはデフォルト・ルールが期待通りの効果を発揮しないかもしれないことを示唆するという理由で、警告である。オプト・アウトが可能であることが、役に立たないか積極的に害を及ぼすデフォルトに対する重要な予防策となりうることを示唆するという理由で、チャンスである。

デフォルト・ルールを拒絶するかどうかを判断しようとする選択者が検討すべき重要事項が二つある。一つは代案に関する知識のレベル、もう一つは選択アーキテクトに対する信頼度である。選択者がデフォルトのものとは違う方式についての情報を持っているならば、彼らはそのうちのいずれかを選択するべきかどうか検討するだろう。選択アーキテクトは信用できないと選択者が思えば、やはり自分で選択したいと思うだろうし、デフォルトの影響を受ける可能性はかなり低くなる（ただし惰性の影響力は相変わらず強いかもしれない）。実際、選択者が選択アーキテクトを信用していなければデフォルトから離れるであろうことを示す十分な証拠がある。とりわけ、多くの人がそういう理由で自動加入を拒絶する。(8) また、事前に選好がない場合――彼らの選好が事実上、選択アーキテクトによって形成される場合――デフォルトにとどまりやすいことも見てきた。

■パズル

ここで示される最も単純な暗示は、「極端」なデフォルトは固着しにくいというものである。先ほど挙げた研究で、デフォルトにとどまった人に低所得層が多かったという結果にもとづいた、より不可解な暗示があり、それは、デフォルト・ルールは高所得層よりも低所得層で固着しやすいかもしれないというものである。これはなぜだろうか？

低所得層は心配の種が多すぎて、デフォルト・ルールについてじっくり考え、それを変更する手間をかけそうにない、というのが理由の一つかもしれない(9)。金銭的余裕のない人の場合、認知資源がことのほか乏しくなりがちだ。というのも、彼らはなんとか生活していく手段を見つけることに資源をつぎ込まなければならないからだ。貧しく、どうやってやりくりするかに専念していると、ＩＱテストの結果にかなり悪影響が出る——テストの前日に徹夜した場合にほぼ相当する——という重要な研究結果についてここで考えてみよう(10)。

このような状況では、すでに数々の判断やコストと向き合っている人々に、努力税はとりわけ大きな悪影響を及ぼすかもしれない。いくつかの興味深い研究が、貧困層（もしくは忙しい、腹を空かせている、あるいは孤独な人々）が直面する「処理能力」という一般的な問題を探っている(11)。処理能力に限りがあるせいで、貧困層はただちに注意を向ける必要のあることがらにのみ注意を向けるかもしれず、有害であることが明らかでないデフォルト・ルールを前にしたとき、それを無視するか、あるいは「どうでもいいよ」と答えるかもしれない。こういう理由で、デフォルトは貧しい人（もしくは忙しい人）のあいだでとくに固着するはずである。

また低所得層は自分の判断に自信がなく、そのためにデフォルトの割当が固着するままにしておくのかもしれない。経験が豊富で自分の欲しいものがわかっている人は、デフォルト・ルールに影響されにくいという例をこれまでに見てきた。その理由の一つは、こういう人にとって、努力税は払う価値があるからである。貧困層は自信がないために、努力税を負担したくないのかもしれない[12]。

低所得層はことにオプト・アウトしそうにないことが判明したという事実は、デフォルト・ルールの用途と限界について重要な意味合いを持つ。何より、これは個別化〔個々人に合わせてカスタマイズ〕したデフォルトと個別化していないデフォルトのいずれにも、潜在的な危険があることを示しており、デフォルトが有害であると判明したとしても、それは固着するかもしれないのだ。配分に関する検討事項が重要となり、政策立案者が、誰がデフォルト・ルールによって救われ、誰が被害を受けているかを気にしているとしよう。たとえば、デフォルト・ルールは環境上の理由で好ましいかもしれない。すなわち、デフォルト・ルールは自然エネルギーを選ぶかもしれない。しかしそのようなデフォルト・ルールの結果、あえてオプト・アウトしようとしない貧しい人々に特定の負担を強いるとしたら、政策立案者はそのルールにあまり満足していられないかもしれない。少なくともデフォルト・ルールが適用される人の多くが関心を示さないとしたら、配分に関する問題、とくに貧困層に対する有害な影響は、特定のデフォルト・ルールに関する特別な問題を引き起こすかもしれない。この点は後ほど取り上げる。

■オプト・インを促す

状況によって、デフォルトはたとえ重要な予防策となるとしても固着しないかもしれない。利己的な人が、顧客にオプト・インまたはオプト・アウトさせたいという強い動機で動いていると想像してほしい。その場合、彼らは目的を果たすための巧妙な（非道な？）手を使うことができるかもしれない。あなたを説得して、あなたの利益にならず彼らの利益となる選択をさせることができるかもしれないのだ。

より一般的なエネルギーよりも自然エネルギーのほうがはるかにもうからないとしよう。だとしたら、一般的なエネルギーを販売する会社は、自然エネルギーを選ばせるデフォルト・ルールからオプト・アウトするように人々を促すために、攻撃的な対策を講じるだろう。とくに、その対策が攻撃的であるだけでなく、人の行動に関する知識にもとづく場合、彼らは成功するかもしれない。たとえば、彼らはオプト・アウトを促すために損失回避性を利用することが考えられる。プリンターの両面印刷のデフォルト設定は妙案だと思えるかもしれないが、製紙会社にとっては必ずしも歓迎できず、彼らはデフォルトを片面印刷に切り替えるように促す方法を考えることができるかもしれない。ここでも悪意にもとづいて選択されたデフォルトに対抗する有力な予防策はあるが、デフォルトを利用して望ましい結果を得ようという公益のための努力にとってはその予防策が重大な障害にもなる。

この問題はただの仮定ではない。銀行の割高な当座借越手数料から顧客を守るための米国連邦準備制度理事会（FRB）による二〇一〇年の規制策定努力を見てみよう[13]。この予防策を提供するために、ＦＲＢは義務を課す代わりに、デフォルト・ルールを調整した。ＦＲＢは、銀行は借越「保護」プログラムに顧客を自動加入させることはできないし、顧客は契約を結ばなければならないと告げた。具体的には、ＦＲＢの規制は、口座名義人が銀行の借越プログラムに明らかに加入しないかぎり、銀行がその人の当座預金口座に借越手数料を請求することを禁じたのである。[14] 非加入をデフォルト・ルールとすることの目標の一つは、利率が法外に高いローン——利率が最大七〇〇〇パーセントのローン——に相当するこのようなプログラムを利用しないように、とくに低所得の顧客を保護することである。この場合、多くの人が本質的に不注意によって割高な手数料を支払わされているという考えが中心にある。消費者が本当に望む場合にかぎりプログラムに加入するようにデフォルト・ルールを切り替えれば、顧客は法外な手数料に対する予防策の恩恵を受けられるだろう。

原則的に、この規制はかなり大きい影響を及ぼすはずだった。実際、デフォルト・ルールの影響力は理解されており、その普及を刺激するのに役立った。ＦＲＢは「消費者は確立されたデフォルト・ルール、すなわち、消費者が行動しなかった場合に適用される結果に固執しがちであることが、研究で示されている」とはっきりと述べた。[15] またＦＲＢは退職貯蓄プランの加入者を増やすための、自動加入の効果の研究にも触れている。ＦＲＢは非現実的楽観主義の現象を強調しており、消費者は自分が口座借越などするはずがない、と非現実的に考えるのだろうとほのめかしている。[16] デフォルト・ルールが非現実的楽観主義の問題を完全に正すことができるとは誰も主張していないが、少なくともデフォルトが固着すれば、重大な悪影響に対する救済策となる。

結果はどうだったか？　規制の効果は期待されたほど大きくないことを証拠が示している。その理由は、かなりの数の顧客がプログラムにオプト・インして、非加入のデフォルトを拒絶したためである。正確な数字はわからないが、オプト・インした人の全体的な割合は約一五パーセントで、銀行によっては六〇パーセントにも上った。最も著しい結果はつぎの通りで、当座預金口座の借越がひと月に一〇回を超えた人では、この率が五〇パーセントを超えるようだ。

オプト・インする人が多いことをどう説明すればよいだろうか？　ローレン・ウィリスが重要かつ理解の助けになる論文で示しているように、多くの銀行が規制を嫌い、借越手数料を請求できるようにしたいと望み、オプト・インを促す抜け目ない戦略をいくつも利用している、というのが主な理由である。(17)ウィリスが示すように、銀行はできるだけオプト・インを容易にする策を講じた。たとえば、ＡＴＭでボタンを押すだけでオプト・インできるようにした。また銀行はオプト・インするよう顧客を説得するために積極的なマーケティングを展開し、経済的インセンティブを用意した。銀行はプログラムに加入しないと余計な出費が増えるという、多くの場合、不正確な顧客の思い込みをうまく利用したのだ。たとえば、銀行は「商品の返送に対して通常、小売業者からお客様に請求される料金……からご自身を守ることができます」「借越保護プログラムは、お客様の取引が拒否されることに伴う費用からお客様を守ります」と「説明」する資料を送付した。銀行は顧客に大量の資料を送り、加入することが顧客の利益になると説得したのだ。

行動経済学についての暗黙の（あるいは明白な）理解を示したうえで、銀行は損失回避性と顧客の混乱を利用して、口座名義人がオプト・インしなければお金を失うと考えるように促す。たとえば「ＡＴＭおよびデビットカードの借越保護を失わないようにしてください」……「ＡＴＭおよびデビットカードの借越保証で身を守りましょう」という具合だ(18)。

損失回避性を利用していることが明らかな、ある銀行の販促資料の抜粋を見てみよう。

はい。私の口座をシェアプラスのATMおよびデビットカードの借越保証と連動させたままにしてください。

いいえ。私の口座からシェアプラスのATMおよびデビットカードの借越保証を除外するように変更してください(19)。

ある銀行の従業員はこう説明した。「人は変化を怖がるので、変化を避けるために［引用者注：借越に］オプト・インします(20)」。銀行は顧客にオプト・インを勧めるのに社会規範をも利用して、広告で嬉々として伝えている。「私どものお客様の多くが、このサービスを利用することを選んでいます」。

退職プランの状況とはかなり事情が異なり、サービス提供者は自動加入を熱心に勧め、客をオプト・アウトさせることにはまったく関心がない。退職プランを運用する主体は加入者が増えれば満足し、彼らは加入を促す雇用主もしくは政府と進んで協力する。FRBは銀行が嫌がるデフォルトを要求し、銀行は少なくともある程度は報復することに成功している。

問題を明らかにするこの話から、ウィリスは重要な一般的教訓を導き出した。規制を受けた組織がデフォルト・ルールに強く反対しており、顧客との接触が容易であれば、人の行動様式にかかわるものも含めてさまざまな戦略を利用して、彼らにとって好ましい方向に顧客自ら動くように促し、デフォルトを断念させることができるだろう。このような場合、選択者が自主的にデフォルトを嫌うからではなく、大小の企業が選択者を説得してデフォルトを拒絶する選択をさせるために、デフォルトは固着しない。規制主体が本気で人を守りたいなら、そしてデフォルト・ルールを確実に固着させることが目標であれば、それを固着させるためにさらなる策を講じる必要があることに気づくかもしれない。実際、彼らは命令を課したいとさえ思うかもしれない。そのため、つぎのような質問をすることも考えられる。FRBはいますぐもしくは近い将来、規則の強化を真剣に検討し、借越保護プログラムの利用を禁止もしくは少なくとも厳しく制限するべきではないだろうか？

結局のところ、答えはイエスなのかもしれない。しかし、政策立案者は借越の例について、またデフォルト・ルールが固着しづらいあらゆる分野で命令を課すことについて、こういう結論を導き出す前に慎重になるべきである。これまで見てきたように、デフォルト・ルールが固着しないのは、それが気に入らないという理由だけではないかもしれない。その場合、それが命令ではなく、デフォルトにすぎないという事実はよいことであり、重要でもあるかもしれない。どんなデフォルト・ルールも不適切である可能性はあるし、個々の状況に合わないかもしれない。だとしたら、デフォルトを拒絶できることは貴重な予防策となる。この意味において、人は自分にとって重要なことに専念する自由を与えられているからではなく、デフォルトを拒絶する自由を与えられているために、デフォルトによって自由なのである。

デフォルト・ルールの負担を負わされている利己的な組織が、人々を説得してデフォルト・ルールを拒絶させられるとしたら、同じようなことがいえるかもしれない。借越保護の例は、規制の失敗の一例（ウィリス自身そうみなしている）、あるいは少なくとも中途半端な成功の例であるようだが、事態はそれほど鮮明ではない。多数の人（八五パーセントもの人々）がプログラムにオプト・インしなかったことを思い出してほしい。またオプト・インした人のうちかなりの割合が実際に当座預金口座の限度を超過する人々だったことも思い出してほしい。この人々がオプト・インは名案だと考えるのはありえなくない。少なくとも彼らの一部はオプト・インするだけの分別をわきまえているのだろう。もし彼らが銀行から金を借りられず――借越保護は借金の一種である――ほかから金を借りなければならないかもしれないとすれば、それはある程度の不便と高い（もっと上がる可能性さえある）利率を意味するだろう。だとしたら、多くの人が給料担保金融業者に頼るしかないかもしれず、その業者の利率はそれより低いか高いかはわからない。

こうした不便はやっかいな問題となることがあり、また高い利率は打撃が大きくなる可能性があるので、最終的にオプト・インした人の多くもしくは大半は、借越保護に関心を示すだろう。この点に関しては、州が給料担保金融業者を規制した際に、消費者は同じくらい割高な資金源（質屋など）に頼ったことに注意してほしい[21]。この研究成果は、借越保護を利用できない場合、顧客は単にほかの資金源に向かうだけかもしれないことを強く示している。

この点を考えれば、ＦＲＢの方針は著しい成功とみなすことさえできるかもしれない。顧客はもはや借越保護に自動的に加入させられることはなく、大多数の顧客はそのような保護を受けることもなくなり、お金を節約できるだろう。同時に、こうした保護を望む人や必要とする人は、契約を結んでいる。これはいいことのように思われる。何が問題なのだろうか？

このプログラムに加入し、保護を受けている人の多くは、結果として暮らし向きが悪くなっているというのが答えだ。おそらく彼らはプログラムのことも、それに伴うコストのことも理解していないのだろう。おそらく彼らは借越保護というローンが必要だからではなく、銀行口座に注意を払っておらず、その結果、自分がどうなるかに注意していなかったために、不渡り小切手を振り出す危険を冒しているのだ。現状を評価するにはオプト・インする人々についてもっとよく知る必要がある。ことによると彼らは十分な情報を与えられていなかったり、油断していたのかもしれない。

そうだとすると、おそらく電子メールや携帯メールによる催促の形で、さらなる策を講じるべきもっともな理由がある。携帯電話の利用制限時間を超えていて、月末に目をむくほど高額の請求書が届いたときに起こる「請求書ショック」と比べてみよう。二〇一〇年、連邦通信委員会（FCC）は、制限時間を超えそうになったら携帯メールで利用者に知らせることを携帯電話事業者に義務づける規則を提案した。事業者はそのような通知を自主的に提供することに同意した。銀行の借越保護では、現行のデフォルト・ルールになんらかの気の利いたナッジを組み合わせるのが、どんな種類の命令や禁止令よりも好ましいであろう。

■変更のルールとフレーミングのルール

借越保護の例はデフォルト・ルールだけでなくほかの二種類のルール、すなわち変更のルールとフレーミングのルールにも注意を向けることの重要性を明らかにしている(22)。

変更のルールはデフォルトをどう変えられるかを定める。消費者は電話するだけで（ありがたい）、あるいはさっと電子メールを送るだけで（なおありがたい）オプト・インまたはオプト・アウトできると、選択アーキテクトはいうかもしれない。それとも、選択アーキテクトは大半の人にとってデフォルトが適切であると確信して、デフォルトから離れるためのコストを引き上げるかもしれない。たとえば、複雑な用紙に記入するように求めたり、クーリングオフ期間を要求したりするかもしれない。利用者がデフォルトを変更するとしても、ある期間が過ぎれば（たとえば一年）デフォルトに「復帰」するので、同じ手順を繰り返す必要がある（「復帰するデフォルト・ルール」）と説明するかもしれない。あるいは選択アーキテクトはなんらかの教育もしくは訓練を要求し、利用者がデフォルトから離れる前に学習進度を測定すると主張するかもしれない。

フレーミングのルールは、利用者にオプト・インまたはオプト・アウトするように説得を試みる際に利用できる「枠組み《フレーミング》」（選択肢の表現の仕方）を定め、これを規制する。ウィリスが示すように、金融機関はオプト・インを支持して損失回避性を利用した。金融機関は賢明だった。行動に関する知識にもとづくこの種の戦略はきわめて効果的であることが判明するかもしれない。しかしながらそれは潜在的な問題でもある。たとえ厳密にはだまそうとしていなくても、彼らは操作しているとみなされるかもしれない。選択の自由を信じて、操作を避けようとする人々は、使用が許されるフレームを制限するように望むかもしれない。もちろんその場合は言論の自由を守るための既存の予防策に従うことになる。フレーミングのルールは操作のリスクを抑えるために使えるかもしれない。

例を挙げよう。企業が当社の製品は「九〇パーセント脂肪分をカット」していると宣伝すれば、「脂肪分一〇パーセント」と表現した場合よりも、消費者はその製品にはるかに魅力を感じやすい。

二つの表現の意味は同じだが、「九〇パーセント脂肪分カット」というフレーミングは、一種の操作であるとみなしてよいだろう。二〇一一年、アメリカ政府は、企業が九〇パーセント脂肪分カットという表現を使うことを認めた。ただし脂肪分一〇パーセントという表示も添えなければならない。デフォルトからオプト・アウトさせることを狙った、誤解を招く操作的なフレーミングに対しても、同様の制限を想像することができる。

選択アーキテクトが変更のルールとフレーミングのルールの範囲内で選択するかぎり、命令を課さなくても、デフォルト・ルールを固着しやすくするための手段をとることができる。彼らは、命令や禁止令を課すのは恐ろしいことだが、デフォルト・ルールから離れにくくするのなら理解できると判断するかもしれない。場合によっては、この結論は正しい。問題は、選択アーキテクトがその方向を目指す場合、デフォルト・ルールの長所のいくつかが失われることである。デフォルト・ルールには少なくとも建前上は容易に取り消せるというよさがある。変更のルールが相当に面倒なものになれば、デフォルト・ルールは命令とたいして変わらないかもしれない。自由を尊重する社会では、選択アーキテクトはこの方向に向かうという自身の判断に、おおいに自信を持たなければならない。

第Ⅱ部　道徳と政策

第3章　情報を与えられた選択者と悪いデフォルト

これまでのところ、デフォルトは固着することが多いが、確認できる状況において人は選択することを選択し、したがってオプト・アウトするということを見てきた。人が強い選好を示す場合は、デフォルト・ルールは重要でないかもしれない。デフォルト・ルールの影響を受ける組織がよくないデフォルトだと思えば、利用者を説得してデフォルト・ルールを拒絶させるための手段を講じることができるかもしれない。基礎的な研究の成果を活用して、政府も民間部門も――ときにはすばらしい理由で、またときには利己的な理由で――デフォルト・ルールを使って好ましい結果を促すことに、以前よりかなり慣れてきている。

また選択アーキテクトは多くの分野で、目的にかなったデフォルト・ルールを選び、有害なデフォルト・ルールを避けることで、選択の自由を保ったまま低コストで望ましい目標を達成できることも見てきた。だが選択アーキテクトはどのデフォルト・ルールを選ぶべきなのだろうか？　どれが目的にかないどれが有害だと、どうすればわかるだろうか？　これと関連して、道徳に関して考慮すべきことはなんだろうか？

ここで私が最も注目するのは、法律制定者、規制者、裁判官の資格で公的部門で働く選択アーキテクトである。民間部門でのデフォルト・ルールの選択が提起する問題は、これと異なる。しかし公的部門での結論の多くは民間部門での選択にも影響する。健全に機能している市場では、選択アーキテクトが利益を最大化しようとするなら、当然、競争圧力によって最適なデフォルト・ルールが選定されるはずである。企業が消費者に害を及ぼすデフォルト・ルールを選べば、その企業はたちまち顧客の減少に気づくはずだ。

したがって、楽観的な想定のもとでは、優れたデフォルト・ルールを作成するのに利潤動機だけで十分なはずである。デフォルト・ルールがいつどういう理由で固着するかを理解したうえで、企業は利潤動機と矛盾しない行動をとらなければならない。そこには見えざる手の仕組みが働くはずである。(1)一方、少なくとも消費者があまり注意を払わない、もしくは有害なデフォルトの有害な影響が見えずらい市場では、競争圧力は、もっともらしい想定のもとに、有益なデフォルト・ルールよりも有害なデフォルト・ルールを生み出す要因となるかもしれない。(2)クレジット市場では、また基本的な製品が複雑で多面的なそのほかの分野においても、悪いデフォルトの問題に対して競争圧力が完璧な解決策を提供する見込みはなさそうである。

■情報を与えられた選択者

デフォルト・ルールをどのように選択するかという問いにはさまざまな答えがある。[3] 政策立案者は最も公平または正しい、あるいは人の自主性、行為主体性、もしくは尊厳を尊重するデフォルト・ルールを選択するべきだと考える人もいるだろう。また好ましい方式は経済効率を促進するものでなければならないと考える人もいる。さらに、選択アーキテクトは社会福祉を最大化する、もしくは社会的効用を促進するデフォルト・ルールを選ぶべきだと考える人もいる。経済学者、福祉国家主義者、功利主義者はこうした考えに完全には同意しないかもしれないし、これらの人々は、正義と公平さの重要性を力説する人々とは違うかもしれない。その結果交わされる討論は、少なくとも議論が高度に抽象的である場合、長引いて、歩み寄りは難しいかもしれない。

中心となる考え　第三者に対する影響がまったく（もしくは控えめにしか）現れない、一般的な事例から始めよう。このような場合、選択者は影響を受けるが、ほかの人は影響を受けない。われわれは最も難しい問題を一時保留にし、高尚な理論を脇にのけて、選好される方式に関する完全には理論化されていない合意を得ようとするかもしれないと、私は提案する。完全には理論化されていない合意は、多くの多様な人々——基礎的な責任が異なる人や、どの責任が基礎的であるかがわからない人を含む——の支持を得られる可能性がある。[4] 最も抽象的な最大の疑問を考慮の対象から外して、そういった問題の解決に依存しない方式に落ち着くことができるかを見きわめることでのみ、われわれは最も効率よく前に進める、という考えが基本にある。

この考えを受け入れたうえで、好ましい方式をつぎに示す。十分な情報を与えられたとしたら大半の人が選ぶであろうことがらを反映するデフォルト・ルールを選ぶのだ。[5] これを情報を与えられた選択者方式と呼ぼう。この方式の利点は、少なくとも普通は、正義、公平さ、効率、実用性、尊厳、自主性といった多様な価値に注目する人の心に同時に訴える点である。特定のデフォルト・ルールによって、情報を与えられた人が取引する、すなわち選択する立場に置かれるとしたら、多数派から外れる人々はオプト・アウトするかもしれないことを理解したうえで、われわれの基本的な価値観はどうあれ、とりあえずそのデフォルト・ルールを選択するもっともな理由がある。

情報を与えられた選択者方式の魅力を理解するために、大量の情報を与えられれば八割の人が自然エネルギーを選ぶとしよう。これは自然エネルギーへの自動加入を支持する有力な理由となる。一つに、情報を与えられた人が特定の選択肢を選ぶなら、デフォルトでその選択肢を選ばせることは選択者の自主性と尊厳を重んじることになるからである。また、情報を与えられた選択者方式は、人々の福祉を向上させる見込みがあるという理由もある。さらに効率と公平さの面からも擁護しやすい。人が求めるものを与えるのが効率的であり、また公平で公正でもある。

疑問　たしかに、情報を与えられた選択者方式からは疑問が生じる。第一に、選択アーキテクトは、情報を与えられた人の大多数がどの方式を選択するかを知るのに十分な情報を持たないかもしれない。選択アーキテクトはその方式を特定するために、かなりの実証作業を行う必要があるかもしれない。彼らの情報不足は、能動的選択を支持する論拠となる。選択アーキテクトが適切なデフォルトを選択するための知識を持たない場合、彼らは人に選択するように求めたくなるかもしれない。

第二に、「情報を与えられての」選択という考えは、概念上の難問を提起することがある。情報を与えられるとは、厳密にどういう意味だろうか？　情報とは事実に関する知識に限られるのだろうか？　行動科学者が強調するように、事実を十分に利用できたとしても、人は失敗することがある。人が非現実的楽観傾向を見せたり、長期的見通しを考慮しなかったりする場合（「現在バイアス」）を思い出してほしい。統計上の現実について知らされてはいても、確率についての判断を誤るかもしれない。そういう間違いをする人は、おそらく情報が十分に与えられなかったとみなせるが、この主張は少しずるい。人は関連する情報を全部手に入れてもなお間違えるかもしれないのだ。情報を与えられた人がバイアスの影響を受けやすいなら、選択アーキテクトは彼らの選択にもとづいてデフォルト・ルールを設定したいと思わないかもしれない。バイアスに迎合するよりは、バイアスを正したいかもしれない。ことによると、理想的な選択者とは情報を与えられているだけでなく、バイアスのない人であるべきなのだ。

同時に、行動バイアスを正そうとすることで、情報を与えられた選択者という概念を発展させようとすることには重大なリスクがある。それは、選択者が本当は何を求めているかを選択アーキテクトが判断せず、代わりに自分が正しいと信じていることに頼るというリスクである。この場合、行為主体としての選択者は、とくに重要とは思えない。このリスクを避けるために、選択アーキテクトはおそらく情報を与えられた選択者が実際にどう行動するかを頼りにするべきであり、同時に（ことによると行動バイアスのせいで）選択者の選択が自身の利益に反することが示されたなら、人々の福祉を守るためにそのような選択肢を遠ざけるのが理にかなっている、と認めるべきである。この領域では、

（事実に関する情報を与えられた）選択者が望み通りに選択できるような想定をするべきである。

第三に、公平さや配分を心配する人々は、強者側の交渉力により、情報を与えられた弱者側の人々が自分に損害をもたらすデフォルト・ルールを課す不公平な合意を強いられることを恐れて、より公平性の高いデフォルトのほうがましだと考えるかもしれない。少なくとも契約がかかわる状況では、強者側は格別に有利な条件を引き出せるかもしれない。これは問題である。この点を心配する人々にとっての課題は、規制者が不公平を理由に取引を妨害する場合、不利な立場にいる人々が本当の敗者となってしまうかもしれないことである。たとえば、解雇に際して「正当な理由」という予防策を労働者に与えるように政府が雇用主に求める場合、そもそも最初から雇ってもらえないケースが生じるかもしれないし、また賃金や福利厚生の質が下がるかもしれない。取引が行われる状況では、情報を与えられた選択者方式は厳しい結果を招くおそれがあり、こうした結果を防ぐべきだということも考えられる――しかしながらここでの経験的問題は、救おうとしている相手を傷つけるかもしれないという意味で、治療は病気よりも害があるかどうかである。

第四に、取引や交渉がかかわる場面では、情報を与えられた人が何を選ぶかを知るのがとくに難しいかもしれない点を強調することは重要である。一方の側に都合のよさそうなデフォルト・ルールは、情報を与えられた人が取引したくなる条件ではないかもしれない。たとえば、労働者は解雇に対して「正当な理由」による保護を求めるだろうと考えたくなるが、それはすなわち、雇用主は自分の意のままに労働者を解雇することを許されないという意味である。しかしながら労働者はそのような保護を本当は必要としていないかもしれない。おそらく、たとえ法律で許されても、雇用主は独断で労働者を解雇したりしないだろうし、解雇するとしても、そうたびたびはないだろう。ことによると、労働者が「正当な理由」という保護を受け入れれば、彼らはなんらかの形で減給されるだろう。

雇用契約の終了に対して「正当な理由」という条件を付加した結果、労働者にとって有意義な予防策を提供しないまま雇用主に高いコストを強いることになる（そして結局は従業員に負担がかかる）ならば、情報を与えられた労働者および情報を与えられた雇用主は、そのような条件を付加するための取引はしないかもしれない。同様に、情報を与えられた顧客とエネルギー企業は、特定の「自然エネルギー」をデフォルトとする取引によってずっと高いコストを負担することになるなら、そのような取引を拒否するかもしれない（もちろん、第三者に対する影響があり、自然エネルギーのデフォルトを支持する主張が起こるかもしれない）。

いずれの場合も、実際の証拠――情報を与えられた選択者がどうするかについての――がきわめて重要となりうる。さまざまな状況において、その証拠を入手することが可能でなければならない。たとえば、政策立案者は単に人に情報を与えておいて、彼らがどう判断するかを見守るかもしれない。政策立案者は関連資料を人に与えて選ばせるという、試験的プログラムを実施するかもしれない。情報を与えられた選択者が実際に何を選択するかに関する情報を集める手段として、デフォルト・ルールを設定する前に能動的選択の期間を設けてもよいだろう。当然ながら、専門家が自分の選択を信じているなら、彼らの判断だけで十分かもしれない。少なくとも、退職貯蓄の専門家が大部分の人にとって何が最善かを知っているとすれば、退職貯蓄の適切なポートフォリオの例は有力な論拠となる。

政策立案者は、さまざまな代案のもとでのオプト・アウトのレベルについての情報も入手したいかもしれない。オプト・アウト率が低ければ、デフォルト・ルールを導入するのがよいかもしれない。おそらくこのような情報は実験によってもたらされるだろう。オプト・アウトする人がA案ではわずか一二パーセント、B案では五〇パーセントだとしたら、A案のほうがよいと考える根拠となる。

もちろん、多数決原理は大ざっぱすぎる可能性がある。考えられるデフォルト・ルールがA案とB案の二つあるとしよう。情報を与えられた人の五五パーセントはおおむねA案でもB案でも構わないが、わずかにA案を選好するとしよう。また四五パーセントの人は例外的な状況のために、B案を強く選好するとしよう。政策立案者は一見して、おそらくB案を選ぶはずだ。なぜなら、ほぼ半数がB案をかなり気に入っており、（ぎりぎり）過半数はほとんど無関心なのだ。この例で、情報を与えられた人にどの方式が好まれるかだけでなく、選好の強さについても尋ねることが重要だとわかる。

強度とオプト・アウト　重要な条件がある。強い選好を示す人はオプト・アウトする可能性が高いことは明らかだ。そのため政策立案者は、強い選好を持つ人が、デフォルト・ルールの設定を正当化することを望まないかもしれない――というのは、政策立案者にしてみれば、いずれにせよそのルールは固着せず、重要ではなくなるからだ。あいまいさのない強烈な相反する選好は、デフォルト・ルールが固着しない根本的な理由である――弱い選好を持つ人の場合、彼らがデフォルト・ルールを好まなくてもそれは固着する。

そのため、相反する強い選好を前にしたときはとくに、多数決原理を採用するのが妥当だろう。しかし、この提案から別の疑問が浮かぶ。特定の状況で、強い選好を持つ人はデフォルトを切り替えるだろうと確信する、もっともな理由はあるだろうか？　彼らにとって惰性が強い影響力を持つ、もしくはなんらかの努力税が決め手となるなら、あるいはデフォルト・ルールに暗に示された意見に、彼らの強いはずの選好が影響されれば、彼らはデフォルトを切り替えないかもしれない。

この選択について考える場合、費用と便益を見るのが最も自然である。デフォルト・ルールが固着するとしたら、どんな費用がかかり、どんな便益があるだろうか？（重要なことだが、情報を与えられた選択者方式では、費用・便益の問題に簡単に答えが出る。一般に、情報を与えられた選択者が求めるのは、純便益をもたらす方式である）。分配の問題ももちろん重要かもしれない。誰が救われ、誰が被害をこうむっているのか？　先ほど示した例では、関心を示す人に彼らが求めるルールを提供することになり、また、望まないルールを与えられる人はほとんど関心を示さないという点で、デフォルト・ルールBが最適だろう。選択アーキテクトが、特定の人や状況に適するように「あつらえた」すなわち個別化したデフォルト・ルールを求めるような事例を想像するのは容易である（第Ⅲ部参照）。また、考えうるデフォルト・ルールのなかでの選択が難しく、能動的選択のほうがましな状況を想像することも容易である（第4章参照）。

差別と社会規範　結婚後の名字の問題は、デフォルト・ルールは情報を与えられた人々の選択を追跡するべきであるという考えに対して、興味深い条件を提案する。真剣に受け止めるなら、この考えは、男性は結婚前の名字を使い続けることを望み、女性は夫の名字に変えたがっていると、州政府が仮定すべきであることを示唆している。[6]ところが、この種のデフォルト・ルールは差別的であり、ほぼ確実に違憲とみなされるであろう。

状況によっては情報にもとづく選択が有意義な社会的貢献に反するのであれば、少なくとも政府が政策の基盤として情報にもとづく選択の採用を提案する場合は、この選択方法が権限を失うことを、先ほどの例は示している。(7) 結婚後の名字では、たとえ男女の行動が異なっても、政府は差別に関する規範に違反するべきではないので、単に選択者の行動を追跡しているだけではいけないという理屈になる。こうした規範に違反することは中立を保つことにならず、一種のえこひいきとなる。えこひいきは人の選好や価値観に影響を与えやすいこともあって、差別的な慣行に敬意を示し、永続させることになるので、違法である。法律には表出機能があり、法律が表すものが重要になるかもしれない。

ふたたび分配の問題、そして情報を与えられた多数の選択者　これまでの議論では、それぞれの選択者はたいして違わない、あるいは少数のグループに分類できるはずだとおおまかに想定しており、政策立案者が、情報を与えられた選択者の一部がどうするかを知っているなら、選択者の多くもしくは大半がどうするかもわかるはずだ。もちろん、この想定は不自然である。場合によって、選択者というランクには多くの下位集団が含まれる。情報を与えられた選択者のうち貧しくても健康な集団は、割安で健康な人にむいた健康保険プランを求めるかもしれない。情報を与えられた選択者のうち裕福だが深刻な健康リスクを抱える集団は、まったく異なる健康保険プランを求めるかもしれない。情報を与えられた選択者の状況や価値観は異なるので、プライバシー保護に関して彼らが同じ判断を下すことはない。退職貯蓄に関しては、いますぐ大金を必要としている人は、そのような必要に迫られていない人と同じプランは求めないだろう。

多様性を前にして、情報を与えられた選択者という分類で一元化しようとするのは大ざっぱすぎるという理由で、政策立案者は能動的選択を選ぶかもしれない。あるいは、情報を与えられた選択者の多様性を認めて、個別化したデフォルトを求めるかもしれない。私はこの両方の可能性を詳しく見ていく。差し当たって、情報を与えられた選択者方式が十分にうまく働くだろうという想定は、ときには不自然なこともあると認めたうえで、この想定で議論を続ける。

■ペナルティ・デフォルト

情報を与えられた人々がどのルールを選択するかを選択アーキテクトが知らないとしよう。知らないとしても、標準的な契約理論は、まさしくこの情報を引き出すために設計された「ペナルティ・デフォルト」を選択アーキテクトが好むかもしれないことを示唆している。(8) この方式では、ルールを策定する選択アーキテクトが、最も変化を求めそうな当事者である選択者に対して、変化を起こすという責任を負わせる。人々が情報にもとづいて行った選択を追跡する代わりに、この方式は、何を選択したのか明かそうとしない人を罰するデフォルト・ルールを利用して、何が選択されたのかを突き止めようとする。

たとえば、従業員は自分の法的権利についての情報が不足しているせいで、非現実的な楽観傾向を見せることがある。(9) 彼らはたとえそんな権利などなくても、「正当な理由」なしに解雇されない権利といった特定の権利が自分にあるものと思い込んでいる。こういう状況では、従業員になんらかの権利を与えたうえで、雇用主が従業員を説得してそれらの権利を諦めさせるように強いるデフォルト・ルールが、当事者間およびルールを策定する選択アーキテクトへの情報の流れを増すかもしれない。(10) そのようなデフォルト・ルールによって労働者は自分にどんな権利があるかを間違いなく知ることができるかもしれない。

デフォルト・ルールで特定の権利——たとえば雇用が保障される権利——が従業員に与えられるのならば、従業員はその権利を「犠牲を払ってでも獲得」したいと思うだろう。その場合、雇用主が取引をする流れのなかで、重要な情報が従業員に開示されるだろう。労働者を保護するデフォルト・ルールは、それがなければ自分の法的権利を過大評価するような場面で、重要な情報を労働者に与えるかもしれない。もちろん、その情報は細かい字で印刷されていたり、雇用条件の交渉の最後に提示されることが考えられ、その場合はあまり役に立たない。しかしながら、ルールの策定者はおそらく単なる形式的な知識ではない、事実についての知識を必要とする可能性がある。実際に自分が手にしている権利を理解することはきわめて重要である。

より広範囲な教訓が明らかになってくる。情報を与えられた人が何を選好するかを政策立案者が知っているなら、普通はその知識にもとづいてデフォルト・ルールを選定するはずである。しかし、情報を与えられた人が何を選好するかわからない場合は、重要な情報を持たない人にその情報が明かされる公算が増すという理由で、政策立案者はデフォルト・ルールを選ぶかもしれない。このようなデフォルトは、選択者が最後には自分の権利を間違いなく把握する——そしてそれに応じて選択する——ことを保証できる。

■第三者

第三者への影響がある場合は当然、デフォルト・ルールの評価に影響が出るだろう。もはや問題は選択者の福祉に限定されない。

デフォルト・ルールAのもとでは第三者に相当なコストがかかるが、デフォルト・ルールBのもとではそのコストが回避されるとしよう。そうだとしたら、断然Bが好まれるだろう。臓器提供およびエネルギーに関するデフォルト・ルールの場合、この可能性はけっして仮定の話ではない。臓器提供を支持するデフォルト・ルールはもちろん第三者にとってかなりの利益となる。推定同意は選択者ではなく、提供される臓器の数が増えることで恩恵を受ける人々を保護するためにある。同様に、エネルギーの選択次第で環境コストおよびその他のコストは下がるだろう。自然エネルギーのデフォルトはそういう理由で正当化できるかもしれない。

その場合、そういったコストを下げるデフォルト・ルールを選好する有力な論拠がある。デフォルト・ルールの選定は、関連するすべての便益と費用（定量化が困難もしくは不可能な要因を含むと広く理解されている）の分析にもとづいて行うべきである。選択アーキテクトは、社会福祉のあらゆる構成要素を含むと理解される、純便益を最大化する方式を選ぶべきである（もちろん、分配に関する事項も重要である）。第三者への影響が大きい場合は、デフォルト・ルールだけでは不十分かもしれない。特定の方式によって、重大なコストが第三者にかかるのを防げるならば、オプト・アウトする余地を与えずに、命令とするべきとするもっともな論拠がある。しかし場合によっては、第三者への影響の有無と程度が議論され、その場合、第三者への影響を防ぐデフォルト・ルールが最善の方式となるかもしれない。

たしかに、純便益を最大化するデフォルトは容易に割り出せないかもしれない。たとえばエネルギー供給会社の場合、選択アーキテクトはサービスのコストだけでなく、温室効果ガス排出のコストなどの環境コストも考慮しなければならず、その場合は二酸化炭素の社会的コスト（一トンの二酸化炭素排出の金銭的価値を把握するためのもの）を評価しなければならない。全体を評価するのは大変な仕事かもしれない。選択者の福祉だけが問題となる場合とは事情が違い、そのうえ能動的選択は第三者の利益を無視する結果をもたらしやすいので、能動的選択はジレンマから抜け出す手段とならない。選択アーキテクトは第三者の利益を無視するわけにいかない。選択アーキテクトは、たとえ自分の選択が間違っている可能性を認めていても、第三者の利益を反映するデフォルト・ルールを選択するように全力を尽くさなければならない。

このような議論は一般化できる。どんな場合にも、分配に関する問題が重要となるかもしれないことを広く理解して認識し、総厚生と公平な分配のいずれかを選択する可能性を示したうえで、どの方式が最高の純便益を生むかが論点となる。情報を与えられた選択者方式は、純便益の最大化に焦点を絞った結果として生まれている。情報を与えられた選択者が好むデフォルトを選択アーキテクトが選ぶべきだとしたら、それはその方式が最大の純便益を生むからである。

■悪いデフォルト

デフォルト・ルールは民間組織でも公共組織でも同様に、不適切だったり、誤用されたりすることがある。実際、デフォルト・ルールのなかにはきわめて有害になりうるものがある。あなたが何も行動しない場合、あなたの投票は現職議員支持として登録される――だがオプト・アウトしようと思えばできる――という投票制度を想像してみてほしい。あるいは、デフォルトであなたを特定の政党もしくは宗教団体に加入させる――だがオプト・アウトできる――国を想像してみよう。それとも、デフォルトで本質的にお金の無駄でしかないありとあらゆる保険契約および追加の契約を結ばせようとする――だがオプト・アウトできる――レンタカー会社はどうだろう。

市場原理は少なくとも最も有害なデフォルト・ルールの一部を抑制すると、私はすでに指摘した。競争市場は、悪いデフォルトに実際に制限を課す。やがて、このようなデフォルトばかり選定する企業に顧客はあまり関心を示さなくなるだろう。そのため、多くの企業は有害なデフォルト・ルールではなく有益なデフォルト・ルールを選ぶ。たとえばコンピュータや携帯電話のデフォルトの設定は普通、顧客の利益にかなっている。

しかし、やはり私が指摘したように、企業には自社にとって有益だが、顧客にとって有害なデフォルトを奨励する動機があるかもしれない。とくにそのようなデフォルトを小さい活字で提示できたり、関連する製品属性が隠れていて、目につきにくい場合はそうである可能性が高い。借越「保護」への自動加入の問題を思い出してほしい。クレジット市場では、金融機関は非現実的楽観傾向のような行動バイアスを利用すれば、罰せられずに、助けを得られるかもしれない。このようなバイアスを利用しないサービス提供者は、競争で不利な立場に立たされるかもしれない。

売り手と買い手の情報が不均等な場合、もしくは選択アーキテクトが消費者の選好の形成に手を貸すことができる場合にも、深刻な問題が生じるかもしれない。たとえば、企業は自社が求めるものを正確に知っているかもしれないが、消費者は自分が求めるものを知らないかもしれない。その場合、企業が消費者に取引を持ちかける機会があるかもしれず、その取引には消費者にとって好ましくないデフォルトが含まれるかもしれない。借越保護プログラムへの加入もその一例である。また、（たとえば）携帯電話やタブレット端末の保証プログラムへのデフォルト加入という発想もその一例である。多くの人にとってこうしたプログラムはお金の無駄である――コストに見合う価値のない一種の保険である。保証を販売する業者は多くの場合、自分が何をしているかわかっており、デフォルトでの購入は（あるいは真摯な提案によるものでも）、人々を悪い方向に導きかねない。

この点に関して、「送りつけ商法（ネガティブ・オプション・マーケティング）」という商慣行を考えてみよう。この慣行は、「無料」の商品を受け取った人が（はっきりとオプト・アウトしないかぎり）月額料金の発生するプランもしくはプログラムに自動的に加入させられるときに発生する。[11] たとえば顧客はホテルに無料で泊まれるかもしれない。それはうれしいが、その結果、毎月結構な料金がかかるプログラムに加入させられていることに気づくかもしれない。この月額料金のことは、たとえ記載されているとしても、目立たないようにこっそり触れられているだけかもしれない。記載されているとしたら、顧客はオプト・アウトする選択肢を（ひそかに）与えられるかもしれない。それともプレゼントのような品が届いて、それを返送しないかぎり何かのプログラムに加入することになり、料金がかかりますと告げられるかもしれない。

場合によって、送りつけ商法は残念な効果をもたらしている。この商法は高額な料金を負担させられるおそれのあるやり方で、惰性に向かう人間の傾向を悪用する。顧客はクレジットカードの月々の利用明細を毎月ていねいに読むとは限らないし、関連する項目が目に留まっても問題なしとみなして、

（自動的に）大金を支払うまで解約しないかもしれない。この場合、惰性ならびにどうやら「努力税」〔先送りの傾向〕が顧客の利益に反して作用しているようで、企業はそのことに気づいている。アメリカでは、連邦取引委員会（FTC）がこの手の商法について深刻な懸念を表明しており、いくつかの州では利用者がだまされることのないように、明瞭な開示を求めている。[12]

アメリカン・エキスプレスが寛大にも、私が選んだ何冊かの雑誌の三カ月間無料購読サービスを提供しますと知らせてきたとき、私はこの一般的な問題についてのちょっとした教訓を学んだ。結果として、私は読みたくもないこれらの雑誌を、自動的に定価で購読することになり、それは無料の三カ月が終わった後一〇年以上に及んだ。私が公務員となる可能性が生まれ、その結果、報酬が下がることになって、ようやく購読を止めた（解約するのは簡単ではなかった）。

民間でも公的部門でもこれと似たことはある。惰性、承認、損失回避は、たとえあるデフォルト・ルールが人の利益にならなくても、それを固着させるのかもしれない。たとえば、その人の状況では損な取引になる健康保険プランに自動加入させるデフォルト・ルール、あるいは必要がなく、利用もしないし、疎んじてさえいるエクササイズ・プランを契約させるデフォルト・ルールについて考えてみよう。自動加入は無駄であるだけでなく、災難となることもある。

すでに論じた理由により、リスクを誇張するべきではない。人がデフォルト・ルールに左右されない選好を持ち、事態を正すための努力を惜しまないのであれば、極端なデフォルトは固着しないことをわれわれは見てきた。それでもなお、有害なデフォルトは多大な負担とコストを課す。それは惰性を克服するのがそれほど容易ではないかもしれないという理由だけでなく、デフォルトは正当でもっともな理由で選ばれたのだと多くの消費者が考えているかもしれないからである。少なくともある種の状況で、低所得層はことのほかオプト・アウトする可能性が低いという事例をとくに思い出してほしい。この結果は、損害をこうむっている余裕が誰よりもない人にとって、デフォルト・ルールがとりわけ有害となるかもしれないことを示唆している。

ここでよく考えてみよう。本章での私の議論の中心は、デフォルト・ルールを設定するとき、選択アーキテクトは情報を与えられた選択者が何を選ぶかを尋ねるべきであるというものであった。選択アーキテクトが情報を与えられた選択者に注目すれば、彼らは福祉、効率、自主性、公平さをただちに促進することができる。難しいのは、情報を与えられた選択者という概念にどの程度中身を与えるかである。この概念は情報そのものの有無を指すのだろうか、それとも行動バイアスの矯正も含めた概念なのだろうか？　第三者に危険が及ぶときは、分析の幅を広げなければならない。なぜならデフォルト・ルールは利益を考慮してやらなければならない幅広い人々に影響を及ぼし、分配に関する問題に注意を払う必要が生じるからである。私はデフォルト・ルールにリスクが伴う点も力説した。加入する側から見て自動加入であることが明瞭でわかりやすくなければ、一種の操作とみなせる。それが人々にとって長期的な利益にならない場合、問題はさらに悪化する。

第4章　選択を受け入れる

リベラルな伝統では、能動的選択を強く支持する人は多い。ジョン・スチュアート・ミルは福祉と自己の能力開発を重視しており、間違いなく能動的選択の考えに熱心だった。自由社会では、単なる選択の自由ではなく、能動的選択の支持を想定すべきであると、公務員も民間人も主張したがるかもしれない。

能動的選択を支持する積極的な主張がある。人は選択を通じて自由を行使し、選択することで学び、能力を高め、より自由になる。また能動的選択を支持する悲観的な主張もある。官民の組織に強い疑念を持ち、組織によるいかなる操作も避けたがる人は能動的選択におおいに関心を示すだろう。彼らはどんな種類のデフォルト・ルールも拒絶して、重要な問題は直接本人に問いただすだろう。この方式は多様性を前にしたとき——デフォルト・ルールを個々人に対応できない場合はことさら——とくに都合がよい。

能動的選択には二種類ある。任意の能動的選択と必須の能動的選択である。スニーカーや携帯電話を買いに日用品店や商店を訪れたとき、彼らは能動的選択をするかもしれないが、自分にとって不利な影響を何も受けずにただちに店を出ることもできる。商品を選び損ねても罰せられることはない。また、能動的選択は「催促する」ことができる。たとえば運転免許の更新時に臓器提供を希望するかどうか尋ねる場合、あるいは政治運動の資金を援助するために寄付したいかと納税申告書で質問される場合がそうだ。このような質問は無視することができる。一方、臓器ドナーになりたいかどうかを示さなければ運転免許を取得できないと告げられる場合、能動的選択は実質的に必須である。たしかに能動的選択の任意と必須の境界にまったくあいまいさがないわけではない。これについてはまもなく再度取り上げる。いずれの場合も、能動的選択をしなければ何かが起きる（たとえばスニーカーも携帯電話も買えない）。私がここで主に注目するのは必須の能動的選択である。だが任意の能動的選択についても論じる。

■デフォルトのない人生？

必須の能動的選択では、さまざまな選択肢のなかから実際に判断しなければならない。特定の代案をデフォルトで割り当てられることはない。ちょっとした例を示そう。ウェブサイトやアプリケーションで「通知を受け取りたいですか？」と聞かれることがあるかもしれない。選択が必須であれば、質問に答えないかぎり先に進めない。ニューヨークのタクシーで領収書がほしいかどうか聞かれたら、「はい」か「いいえ」で答えればよい。この場合、必須ではないが、能動的選択が要求される（だが、あなたが好みを表明しなければ、領収書はもらえない）。

健康保険、プライバシー、臓器提供、貯蓄に関して、選択アーキテクトはオプト・アウトとオプト・インをどちらも拒絶して、人に選好を表明するように要求する（もしくは頼む）かもしれない。特定の問題（臓器提供など）がきわめて微妙な国や文化、また押しつけがましい、不快であるととられかねない結果にデフォルトで組み込まれることに人々が強い抵抗を示す国や文化では、能動的選択の潜在的利点を強調することが重要である。このような場合、デフォルト・ルールは激しい抵抗にあうおそれがあり、能動的選択のほうがはるかにましだと思われるかもしれない。

文化的相違の可能性は強調するべきだろう。一部の社会では、あるデフォルト・ルール（たとえばオプト・アウトするための一定の行動をとらないかぎり、自動的に見合い結婚させられ、実際にはオプト・アウトが許されないかもしれないといった）は歓迎されるが、能動的選択は歓迎されない。また別の文化では、能動的選択がきわめて明白な規範であり、デフォルト・ルールを設けようとする努力は自由、福祉、あるいはその両方に対する許しがたい侵害だと思われるだろう。もちろん文化は変容する。最も興味深い社会の動きには、能動的選択からデフォルト・ルール、あるいはその逆の移行がかかわるものがある[1]（このような移行がいつ、どのように起こるかを調査すれば、多くの疑問が解明されるだろう。社会規範はデフォルトに相当する働きをする可能性もある点に注目すること[2]）。要は、一部のデフォルト・ルールは能動的選択を支持する強力な文化規範と衝突し、その場合、デフォルトを設定するのは難しいということである。

能動的選択を支持するために語りたいことはたくさんあるが、まずは三つの複雑な重要事項に注目してほしい。第一に、人に選好を表明するように「要求」するとはどういう意味なのか？　デフォルト・ルールの必然性を主張する人々は、この問いに対する納得のいく答えがないことを理由に能動的選択に反論するだろう。選択アーキテクトは能動的選択を奨励するとしても、人が選択することを拒んだときにどうなるかを明らかにしなければならない。これについては得意満面でこう聞く人がいるだろう。何かしらのデフォルト・ルールがその答えなのではないか？。

いい質問だ。というのも結局は何かしらのデフォルト・ルールが必要だからだ。普通の消費者市場では、答えは単刀直入である。なんらかの能動的選択をしないかぎり、商品やサービスは手に入らない。何も持たない状態がデフォルト・ルールである。政治の世界も似たようなものだ。選択を表明しないかぎり投票できない。また社会生活では、関連する選択をしないかぎり、どこかの団体に所属できないし、友人さえ作れない。多くの領域で、単刀直入な答えだけで用は足せる。選択を促される場合は、たしかにそのような答えが役に立つ。黙っていると、あなたは関連する活動（医師の診察を予約したり、薬を服用したり）に従事できない、あるいは関連するプログラムに加入も参加もしないことになる。ところが場合によって事情はやや複雑になる。能動的選択を必須にすべきと主張する人々は、選択アーキテクトは命令に匹敵する厳しい制裁によって能動的選択を求めるべきだと、基本的に主張する。そうしなければ本当に欲しいものや必要なものを失ったり、あるいは手に入れられなくなるという意味で、人は能動的選択を要求されるのだ。

たとえば州政府は、臓器ドナーになりたいかどうかの意思表示をしないかぎり運転免許を取得できないと告げるかもしれない。あるいは雇用主は、従業員が退職プランや健康保険プランを選択するまでは勤務を開始できないというかもしれない。それともサイト運営者は、プライバシーや今後の通知の受け取りに関する好みを明らかにしないかぎり、あなたはウェブサイトに入れないというかもしれない。たしかに人はただ拒絶することもでき、その場合はデフォルト・ルールが適用される（加入せず、利用しない）。しかし、能動的選択を信じる人々はこのことで必ずしも気分を乱されることはなく、彼らは喜んで譲歩するだろう。

複雑な事情の二つ目はすでに見てきたように、人によっては選択しないことを好むというものだ。そういう意味では、能動的選択を主張することはパターナリズムだといえる。この点については第5章で詳しく論じる。

三つ目に、能動的選択は、人の選好を中立的な方法で引き出すことを目的にしているが、能動的選択を要求するという判断そのものが「シグナル」を含む可能性があり、そのシグナルが選択者に影響を及ぼすかもしれない。たとえば臓器提供プランで、それまで非加入がデフォルト・ルールであり、臓器提供を促進するために、ある州が能動的選択に移行するとしよう。可能性のある結果を三通り想定できる。第一に、人は純粋にシグナルの影響を受けないかもしれない。第二に、その移行は、臓器提供はよいことであるという州の見解をシグナルとして伝えているととられるかもしれない。すなわち人々がそのシグナルを受け取り、それを信頼して、臓器提供率が増えるかもしれない。第三に、このシグナルは臓器提供はよいことであるという州の見解を伝えているととられる可能性があり、人々はそのシグナルを受け取り、それを疑って、非加入をデフォルトとした場合よりもさらに提供率が下がるかもしれない（こうした反応は「リアクタンス」〔人が外部から自由を脅かされたときに生じる、自由を取り戻そうとする動機的状態）の一つの形かもしれない）。シグナルの強さとそれに対する人々の反応に応じて、この三つの結果のいずれも起こりうる。

こうした事情にもかかわらず、惰性はきわめて重要であり、能動的選択では普通、加入率はオプト・イン方式より高く、オプト・アウト方式より低くなると推測するのが妥当である。この推測は、現在わかっていることによっておおむね立証される。たとえば能動的選択を採用した場合の貯蓄額は、オプト・インを要求するデフォルト・ルールの場合よりはるかに増えることがわかっている（しかし自動加入の場合よりは少ない[3]）。あるいはプライバシーの問題に戻ろう。現在、ウェブ・ブラウザの大半は利用者の動きが見え、追跡できる設定をデフォルトとしている。これとは別に、――ブラウザを最初に開いたときもしくは定期的に――どのプライバシー設定を好むかを利用者に尋ね、質問に答えるまで先に進めないようにする方式が考えられる。合理的に推測すれば、この方式では利用者が現在経験しているよりもプライバシー保護のレベルは上がるだろう[4]。促された選択と必須の選択のいずれかを選択する場合も経験的問題が生じる。いくつかの証拠で、必須の選択では加入率が下がることが示されている[5]。

■能動的だが、影響された選択

能動的選択に関して、たくさんの変化形を想像することもできる。最も中立的な能動的選択から、人が何を選択するかに影響を与えようとして選択アーキテクトが人の意見を意識して考案したものまで、少しずつ異なる方式が確認できる。

たとえば、おそらくは行動情報にもとづく戦略を利用することで、選択肢の一つが強調されたり好まれたりするかもしれないという意味で、能動的選択は「強化される」、すなわち影響を受ける可能性がある(6)。選択アーキテクトがデフォルト・ルールを避けようとしながらも、選択肢の一つを選ぶように促したい場合、その項目をリストの最初に配置したり、太字や大きい字体を使ったり、よく目立つあるいは魅力的な説明文を添えたりするかもしれない。選択アーキテクトの望むものが選択されるように、選択肢をフレーミングすることは可能であろう。

ある研究では、実験者の嫌いな選択肢が選択されないように、損失回避性を利用して選択肢が「強化」された。この実験者はつぎのようないくつかのメッセージを導入した。

> あなたは自分の健康を守ることに関心があると想像してください。疾病管理センターは、インフルエンザの予防接種がインフルエンザウィルスに感染するリスク、あるいは人にうつすリスクを著しく減らすとしています。あなたの雇用主は、今年の秋、あなたにインフルエンザの予防接種を受けることを勧め、二週間に一度もしくは毎月あなたが支払っている健康保険料から五〇ドル節約できるかもしれない仮想のプログラムについて、あなたに伝えます(7)。

オプト・イン方式では、「この秋、インフルエンザの予防接種を受ける場合は□にチェックを入れる」ように求めた。中立的な能動的選択方式では、「私はこの秋、インフルエンザの予防接種を受けます」もしくは「私はこの秋、インフルエンザの予防接種を受けません」のいずれかを選ぶように求めた。強化された、すなわち影響された選択では、「私はこの秋、インフルエンザの予防接種を受けて感染のリスクを減らし、五〇ドル節約することを希望します」または「私はこの秋、たとえインフルエンザに感染するリスクが高まるとしても予防接種を受けず、五〇ドルの節約も望みません」のいずれかを選ぶように求めた。強化された選択の条件が損失回避性を利用しているのは明らかである（「たとえ〜としても」）。オプト・イン方式と比べ、能動的選択方式では予防接種を受ける人の割合が著しく増えた。能動的選択に影響を及ぼした、すなわち強化した場合、その割合が最高になったことは注目に値する。

ここには、損失回避性およびその他の行動情報にもとづく戦略を利用して、オプト・インを促そうとする銀行の努力と明らかに重なる部分がある。要するに、能動的選択は関連する選択肢に関してだいたい中立的でありうるということだ。選択アーキテクトが中立性を失っていくと、能動的選択はデフォルト・ルールに似通ってくる。

■能動的選択および選択しないこと

能動的選択を支持するために、どんなことがいえるだろうか？　自由を尊重する人々にとって、自由の反意語が命令または禁止令だとしたら、答えはかなりはっきりしている（第8章参照）。しかし命令や禁止の代案が選択の自由を保持するデフォルト・ルールだとしよう。能動的選択がそれよりも優れているとしたら、その理由はなんだろうか？(8)

いずれかの商品またはサービスが欲しいと実際に口にしないかぎり、人が何を欲しがっているかわからないというのが一つの答えだ。この観点から、能動的選択は、人が本当は何を欲しがっており、何を所有するのがその人のためになるかについての判断を誤って悪い結果がもたらされることに対する貴重な予防策となる。たとえば、携帯電話販売店が、特定の消費者は特定の携帯電話を欲しがっているので、デフォルトでその電話を所有させる（オプト・アウトすることはできる）とすると、欲しくもない電話を買わされるという不当なリスクが生じる。普通の市場で能動的選択を要求することは、誤りのコストを最小限に抑え、その意味で人々の生活をよくする。フリードリヒ・ハイエクのつぎの主張、「誰か［引用者注：計画立案者］が何を知っているかをほとんど、われわれがどうしようもないほど知らない、という自覚は、自由を支持する論拠の主な基盤である」について考えてみよう(9)。

自由に関するハイエクの提案の一つの解釈は、能動的選択は人の福祉ではなく自主性を守るために必要であるというものだ。おそらく、選択の結果がどうであろうと、人は自分で選択する権利を有するのかもしれない。哲学者が卓越主義的リベラリズムと呼ぶ形式を受け入れる人もいる。そういう人たちは社会も政府も、エネルギー、イニシアチブ、信頼性、行為主体の権限を含めた個々の特徴を人に教え込むべきであると考える(10)。あなたが卓越主義を支持するなら、自主性を根拠に能動的選択を好むだろう。だとすると、自由な人々は意図を積極的に表明しないかぎり、商品やサービスを押しつけられる（もしくは欲しがっていると決めつけられる）べきではないとも、あなたは考えるかもしれない。しかし、自主性ではなく福祉にもとづく説明は際立って簡潔であると思われ、ハイエクの念頭にあったのはこのことだろうと私は思う。選択者の福祉に関しては選択者が誰よりもよくわかっており、だからこそわれわれは彼らの自由を尊重するのだ。選択者が「われわれのどうしようもないほどの無知」に悩まされることはない。

能動的選択を正当化するたしかな根拠はたくさんあるが、いくぶん不十分ながら魅力的な根拠もある。多くの状況で人は選択することを積極的に好み、そういう理由で能動的選択が好ましいという主張がなされる。この前提はもちろん正しい。ときには人は選択することを好み、その権利を誰か――たとえば専門家――に譲り渡すほうが経済的に得だとしても、選択する権利を保持したいと望むかもしれない[11]。（第5章では、この話題の裏側に注目する）。「選択バイアス」とは、自分が自由に選択した結果として手に入れたわけではない、よい選択肢よりも、自分が実際に選んだ、それと同じくらいよい選択肢に対して強い選好を示す、という事実を指す[12]。人は自分の好きなものを選ぶが、それだけでなく自分で選んだものも好む。そうだとすると彼らは選ぶ権利を保持することも好むだろう。この点は、命令と禁止令の形での強制に対する有力な反証となる。しかし、それはデフォルト・ルールの使用に対する反証ではない。デフォルト・ルールが採用されている場合でも選択の自由は保たれており、選択の自由を行使したければデフォルトを拒否することができる。

なるほど、ただデフォルトを強制するのではなく、デフォルトに頼ることを望むかどうかを、選択アーキテクトが能動的選択者に尋ねるのがいちばんかもしれないが、いずれにしても自由に選択することができる。能動的選択を支持する最強の論拠はほかにある。

■惰性を克服する

デフォルト・ルールは惰性を克服できないが、能動的選択は判断が必要なので惰性を克服できる。現在のデフォルト・ルールが自分たちのためにならない可能性を真剣に考えないようにさせることに惰性と先送りが重要な役割を果たしているとしよう。そうだとすると、能動的選択はたとえ義務であっても、優れた矯正手段となるかもしれない。能動的選択は、ほかの状況であれば負担することを拒んだり、別のことに使ったかもしれない「努力税」を負担するように人に要求する。

貯蓄プラン、健康保険、プライバシーの設定について考えてみよう。オプト・イン方式のデフォルト・ルールの問題点は、自分で選択するとしたら選ばないようなきわめて有害な結果を、一部の人が背負い込むことになりうる点である。能動的選択の主な長所は、望んだ結果を手にする可能性が高まることである。そのため、選択アーキテクトが能動的選択を好むのは当然かもしれない。

臓器提供の例に話を戻そう。オプト・イン方式の場合、多くの人が現状を変えようとしないのには、考えてもあまり楽しくない問題について考えたくないという理由がある。しかしなかには、宗教や道徳上の理由でオプト・アウトという考え方そのものが不快であるという人もいる。たとえばイスラエルの一部の宗教団体は、明確な同意を与えなくても潜在的な臓器ドナーにさせられるオプト・アウト方式に意欲的ではない。能動的選択の利点は、人々の目を問題に向けさせ、惰性を克服しながら道徳的嫌悪を避けられることである。臓器提供のほかの例では、認知資源の不足の問題を思い出してほしい。能動的選択の長所は、認知資源の不足によって人が重要な問題に注意を払えなくなったときに、選択アーキテクトが彼らに選択するように求めて注意を喚起できることである。たしかに、実際に選択を要求しなくても、選択を促すだけでそのような効果を生むことがある――しかし惰性の克服が目標ならば、選択を必須とするほうが効果的かもしれない(13)。

■悪い選択アーキテクトに打ち勝つ

知識の問題　多くの状況で、選択アーキテクトには関連情報が不足しており、選択されたルールは一部または多くの人にとって確実に有害となる。その場合は能動的選択がかなり有利になり、選択者はそのことをありがたがるかもしれない。民間組織がデフォルト・ルールを作成していて、情報を与えられた人々が何を選ぶかについてよく知らないとしよう。アイスクリームの味、タブレット端末、携帯電話、スニーカーに関して、顧客は自分の好みを知っている傾向があり、そうでなくても積極的に学ぼうとする。助言は喜ばれるかもしれないが、能動的選択は個別化していないデフォルト・ルールよりもはるかに優れている。

商品やサービスを売る幅広い事業を含め、民間組織によって提供される数多くの活動や商品にも同じことがいえる。とくに行動バイアスを考慮したとき、市場圧力を美化するべきではない。しかし、適切な条件のもとでは、市場圧力は組織がデフォルト・ルールと能動的選択をうまく組み合わせるように導くことができ、そうすれば多様な顧客の要望に応じられる。レストランでは、ウエイターに代わりに料理を選んでほしいと頼むことができるし、デフォルトのメニューがあればありがたいかもしれないが、多くの人は自分で選びたがる。

また政府がデフォルト・ルールを作成しているとしよう。場合によっては公務員に先入観（バイアス）があり、自分の狭い範囲の関心事（たとえば改選）に注意を向けるかもしれない。別の場合には、問題が複雑かつ専門的で、また公務員がその問題を解決するための十分な情報を持たないという理由で、彼らが与えられた情報は不適切かもしれない。ハイエクの熱心な信奉者は彼らのいう「知識の問題」を強調する。これは、知識は社会に広く分散しており、公務員は分散した知識を入手する手立てを持たないという事実から生じる。ハイエクにとって、価格制度はいかなる公務員の集団による判断よりも、はるかに優れている。購入の判断をする無数の人々の分散した知識がそこに組み込まれているからである。たとえ話として、ハイエク自身によるつぎのすばらしい一節を検討してみよう。

私が関心を持ってきた知識とは、その性質上、統計に組み込めず、そのため統計という形ではいかなる中央当局にも伝えることのできない類いの知識であるという事実にも、ここで手短に触れておくべきだろう。中央当局が利用しなければならない統計は、特定の判断にとってきわめて有意義になるように、ものごと同士のささいな違いを抽出し、場所や質といった細目が異なる情報を一種類の資源としてまとめて、きちんと届けられなければならない。だとすると、統計情報にもとづく中央での計画立案はその性質上、時間と場所という状況を直接考慮することができないため、中央の計画立案者は時間と場所に依存する判断を「現場にいる人」に任せられるような何かしらの手段を見つけなければならないだろう。(14)

ハイエクはデフォルト・ルールのことを語ったわけではないが、この一節に照らせば、公務員があまりに不完全なデフォルト・ルールを設定するのではないかという心配はありえる。局所的な知識が重要ならば――重要なのが「現場にいる人」なら――そこには能動的選択を支持するもっともな理由がありそうだ。

公共選択　相手にとって不利なルールを選定するように、利己的な民間団体が政府に働きかけるときも例外なく、やはり同じ理由でデフォルト・ルールに反対し、能動的選択に賛成することになる。そうだとすると、ここでほかの誰よりも経済学者のジェームズ・ブキャナンとかかわる「公共選択」の問題が生じる。公共選択とは、もっぱら自分を利することにしか関心のない民間団体の影響を公務員が受ける可能性――実のところ十中八九の高い可能性――を指す。公共選択の問題が深刻ならば、デフォルト・ルールは、市民全体の利益ではなく、自分たちの利益になるルールを求める利己的な民間団体の関心事を反映することになるだろう。消費者は、商品やサービスの売り手の利益となる結果を、おそらくデフォルトで選ばされるだろう。最悪のシナリオでは――けっして非現実的な話ではない――、公務員に対して特定の影響力を持つ集団の願望（および知識）を反映する方向に、重要な情報を持たない公務員が向かうとき、知識の問題と公共選択の問題は互いに補強しあうことになる。

以上の点に関して、能動的選択はリスクがずっと小さい。一般市民が公務員を信用するべきではなく、また実際に信用していない場合――おそらく公務員に十分な知識がないため、もしくは彼らの動機が不純なため、あるいはその両方の理由で――一般市民は能動的選択を最も好むかもしれない。利益団体の影響力のことは強調しておくべきだろう。利益団体が自分たちにとって好ましい方向にデフォルト・ルールを誘導できるとしたら、デフォルト・ルールではなく能動的選択を強く求めるのが最善の策かもしれない。優秀な選択アーキテクトは、まさしく能動的選択を要求するかもしれず、市民および投票者としての選択者は、選択アーキテクトにそうするように促すかもしれない。

選択アーキテクトのための選択アーキテクチャー　理論上は、基本的な検討事項はあいまいではない。しかしながら、選択アーキテクトの信頼性に関してはかなり複雑な事情がある。選択アーキテクトは自分の無知やバイアスに十分に注意していないかもしれない。非現実的楽観傾向あるいは何かしらの利己的なバイアスによって、官民の関係者は目的にかなったデフォルト・ルールを設計するにあたって自分の能力を過信しているかもしれない。公務員はあくまで人間であり、行動バイアスに左右されやすい。（たとえば）企業や宗教組織を運営する人々も同じである。

二つの重要な予防策、すなわち民主的アカウンタビィリティと市場圧力にはすでに言及した。政府がひどいデフォルト・ルール——人々が貧しくなり、寿命が短くなり、生活が不便になるなどの形で状況が悪化するような——を作成した場合、少なくとも民主制度がまともに機能しており、市民が十分に注意を払っているなら、政府は選挙で報いを受けるだろう。デフォルト・ルールは透明でなければならず、精査を受けなければならないことを思い出してほしい。そうだとするなら、公務員は悪いデフォルト・ルールについて説明する責任がある。企業がデフォルトで従業員をまずい状況に置いた場合、その企業は長く営業を続けられないだろう。選択アーキテクトにはなんらかの選択アーキテクチャーが必要であり、民主的な予防策（高度な透明性も含めた）は政府を抑制するための優れた方法である。同様に、まともに機能している自由市場は民間組織に自制を促す。

それでもなお、最もうまく機能している民主制度においても知識の問題と公共選択の問題は現実に存在する。市場圧力が強い場合でさえ、民間組織が有害なデフォルト・ルールの利用を許されていることも、私は力説した。その理由の一つが行動バイアスである。人々が非現実的なほど楽観的である、もしくは注意を払っていない場合、彼らは好ましくないデフォルトの犠牲となるおそれがある。優秀な規制者ならこの問題に対応できる。だがそうすると、規制者が優秀である可能性を高めるために、組織的な予防策を講じる必要性についての議論に戻ることになる。以上のすべての点が、デフォルト・ルールに反対し、能動的選択を支持している。

■経年の変化に対処する

デフォルト・ルールは変化しにくく、人々の状況が時とともに変化するのであれば、デフォルト・ルールが最初に課されたときは目的にかなっていたとしても、変化しにくいルールは理想的でなくなるかもしれない(15)。デフォルトの健康保険プランは、二〇代では賢明な選択だとしても、五〇代ではまったく合わなくなるかもしれない。プライバシーに関する好みは時とともに変わるかもしれない。これに反して、能動的選択は選択者の選好の表明を定期的に要求するように設計できる。市場ではある程度の変化が本質的に保証されている。顧客は商品やサービスが欲しかったり必要になったりすれば、買い求める。（たとえば石鹸、スニーカー、携帯電話に関して）嗜好が変われば購入時にその嗜好を表明する。

もちろん理論上は、デフォルト・ルールも時間とともに変化することがある。物知りな選択アーキテクトは、大きい集団の行動から一般的な結論を導き出して、嗜好がどう発達するかを予測できるだろう。選択アーキテクトは、たとえば若者が特定の健康保険プランを選び、高齢者はそれとはかなり異なるプランを選ぶ傾向があるということを知っているかもしれない。しかし実際には、また比較的明らかな少数の事例を除いて、少なくとも個人レベルで正確に予測するのは、それほど簡単ではないかもしれない。

たしかに、膨大なデータセットが利用できるようになったこともあり、この課題はやがて克服されるかもしれない。データセットは、情報を与えられた人々が何を選択しそうかを予測する能力を着実に向上させている。しかしたとえそうだとしても、データにもとづくデフォルト・ルールは能動的選択と比べて、選択者の特殊な状況を反映する精度が低くなるおそれがある。たしかに選択者自身が目前の分野にあまり関心がないか、利害が比較的小さい場合はとくに、あえて間違える危険を冒して、選択しないことを選択するかもしれない。しかしながら多くの場合、時間の経過に伴う変化の可能性は、能動的選択を支持する有力な論拠となる。

■不均一性

人が置かれている状況は当然異なるが、多くの状況で能動的選択は多様性に適切に対処できる。関連する集団が不均一であり、単一の方式が多様な状況に適さない場合、オプト・イン方式あるいはオプト・アウト方式と比べて、能動的選択はかなり有利になる可能性がある。たとえば健康保険、ウェブサイトの設定、あるいは貯蓄に関して、一つのサイズですべてに対応できない場合、選択アーキテクトは利用者に自分で選ばせるのがいいかもしれない。

多様性を前にして、惰性の力もしくは暗示の力によって、大勢の人が自分のためにならない状況に立たされるとしたら、デフォルト・ルールはとりわけ有害かもしれない。人によって状況が異なるときは「どの健康保険プランがいちばん気に入りましたか？」と尋ねたほうが、雇用主が選んだプランに自動的に加入させるよりも、はるかにうまくいくのではないか。

たしかにオプト・アウトが可能という形での選択の自由は、「一つのサイズですべてに対応」方式の問題に対する重要な予防策となる。しかし、惰性の力と暗示の力により、たとえ自分の状況に合わなくてもデフォルト・ルールから離れようとしない人もいる。またなるほど、人々の多様な状況に合わせて設計した個別化したデフォルト・ルールは、不均一性の問題を軽減するかもしれない。その可能性については後ほど論じる。しかし、とりわけ選択アーキテクトが限られた情報しか持たない場合、個別化したデフォルトの設計自体が深刻な課題となる可能性がある。とくに関連する集団が多様な場合は能動的選択によって精度が高まるので、能動的選択を支持する有力な論拠となる。

■学習、行為主体性、尊厳

最後の点は最も重要かもしれない。定義上、能動的選択は個々の行為主体を反映する。また能動的選択は学習を促し、したがって選好、価値観、嗜好の発達を促す。ジョン・スチュアート・ミルは「個性の自由な発達は、福祉に欠かせない主要な必須要素の一つである」という重要な主張をしており、実のところ「それは文明、指導、教育、文化という言葉で表されるあらゆるものとの関係を調整する役割を果たすだけでなく、個性の自由な発達自体がこれらすべてにとって必須要素かつ必須条件である」と力説している。[16] ミルはつぎのように指摘した。習慣への順応は「人間特有の資質である特性のどれをも、教育しないし開発もしない。認知、判断、特異な感覚、精神活動といった人間の能力は、選択するときにだけ発揮される。何事も習慣だからという理由で行う人は、選択をしない。その人は最高のものを見分ける、あるいは欲するという経験を得られない。精神力や道徳力は筋力と同じで、使うことでのみ向上する」。[17] デフォルト・ルールは、ミルがとくに心配した習慣の反映とみなすことができる。個人の尊厳もあやうくなる。自尊心の感覚を養うことを目指すならば、他者が定めたルールに単に従ったり、その邪魔をしないようなシステムよりも、能動的選択はかなり優位に立てそうだ。

基本的問題　学習に関して、ミルが正しかったことを証明する有力な証拠がある。ＧＰＳを使ったカーナビについて考えてみよう。カーナビは一種のデフォルトのルートを作成し、人はそのルートに頼ることができるが、拒絶するほうがよいと思えばそうすることもできる。カーナビのない世界を好む人はまずいないだろうが、重大な短所もある。カーナビを利用していると、自力で進路を決める方法を学びにくくなる可能性がある。実際、ロンドンのタクシー運転手はカーナビに頼らず、そのため道路の走行についてよく学習することで神経の働きが修正され、脳の領域に実際に変化があった。[18] カーナビが広く普及するとそのような修正は起こらなくなり、機械による助けがなければ道を進めなくなるだろう。デフォルト・ルールによって道を走行するのは楽になるが、学習は妨げられるのだ。なるほど、これは稀に見るめざましい発見だが、これは実際のものも潜在的なものも含めた、デフォルトの多彩な影響の象徴ととらえるべきである。自分の能動的選択ではなくデフォルトに頼っていると、人間の重要な能力のいくつかが発達しなかったり、萎縮したりする可能性が生じる。これは良識的なデフォルト・ルールがもたらす不幸な結果である。デフォルト・ルールは人の学習と能力開発を妨げる。脳を筋肉とみなせば、それは強くも弱くもなり、選択する行為は脳を鍛えるための一種のエクササイズなのである。

『すばらしい新世界』（オルダス・ハクスリー著）を写し出したような一種のＳＦ物語を、われわれは容易に想像することができる。その世界では、人はデフォルトで数々のすばらしい結果を提示されたり、そのようなデフォルトを選ぶことさえあるが、彼らは行為主体性および重要な意味での尊厳を奪われている。オルダス・ハクスリーが自身の優れた小説に添えた序文につぎの一節がある。「明らかに効率的な全体主義国家というのは、強大な権力を持つ政治的ボスの小集団と、それに奉仕する事務方の軍団が、隷属を愛するゆえに強制されなくても働く奴隷の大集団を管理する国家だ」(19)（黒原敏行訳、光文社）。ジョージ・オーウェルの『一九八四年』は、自由のないシステムへの注意を促しているが、ハクスリーの小説における尊厳に対する攻撃には、少なくともオーウェルに匹敵する陰険さがある。なぜなら、快適さと快楽の追求は行為主体性を損なうからである。デフォルト・ルールは人を幼児化させるおそれがある点を多くの人が危ぶんでおり、彼らの基本的な関心はそこにある。本書冒頭の二つ目の題辞を見てみよう――快適なデフォルトの世界に取り囲まれたハクスリーのヒーロー、ジョンの訴えである。

「快適さなんて欲しくない。欲しいのは神です。詩です。本物の危険です。自由です。美徳です。そして罪悪です」

「要するにきみは」とムスタファ・モンドは言った。「不幸になる権利を要求しているわけだ」

「ああ、それでけっこう」ジョンは挑むように言った。「僕は不幸になる権利を要求しているんです」

「もちろん、老いて醜くなり無力になる権利、梅毒や癌になる権利、食べ物がなくて飢える権利、シラミにたかられる権利、明日をも知れぬ絶えざる不安の中で生きる権利、腸チフスになる権利、あらゆる種類の筆舌に尽くしがたい苦痛にさいなまれる権利もだね」

長い沈黙が流れた。

「僕はそういうもの全部を要求します」ようやくジョンはそう言った。[20]

（黒原敏行訳、光文社）

このような反論を美化するべきではないし（ハクスリーにはその傾向がある）誇張すべきでもない。梅毒と癌、腸チフスと筆舌に尽くしがたい苦痛、そして食べ物がほとんどない状態を「要求」しそうなのは、こういった苦しみを経験したことのない者だろう。また、養うことがそれほど重要でない能力もいくつかある。人間は何ページもの文章を記憶する能力を失ったが、これははたして重大な損失だろうか？　エジプト王タモスは、人が書くことに頼るようになれば「人間の特質は弱まり、精神に健忘症が生じるだろう」と嘆いた。[21]しかしながら、人が記憶力に頼るしかない状態でよりよい生活が送れるかどうかは、難しいところだ。とはいえ学習が大切で、学習を促すために能動的選択が欠かせない重要な領域はある。

選択者が自分の能力を開発し、行為主体性を発揮したいために能動的選択を好み、デフォルトを拒絶することもあるだろう。選択アーキテクトは、大半の人が特定の結果に興味を示すことを知っているかもしれないが、一種の資本ストックを増やし、将来その資本を使ってよい選択をするために、人が基本的な問題について学ぶことは重要だとも考えているかもしれない。金銭面の判断に関しては、独力で上手に選択できるような理解力を養うことは役に立つかもしれない。「資本ストック」は残りの人生において有益だと判明するかもしれない。より一般的には、選択筋のエクササイズは、人生のほかの領域に好ましい拡散効果《スピルオーバー》〔ある活動の影響がほかの分野に波及すること〕を及ぼし、多様な判断に対して受動的ではない能動的なアプローチが生まれるかもしれない。デフォルト・ルールの世界では、受動性が楽に身について普及することで、深刻なネガティブ・スピルオーバーをもたらし、救いようのないほどデフォルト・ルールに頼り切った、怠惰で無気力な一般市民が生まれるかもしれない。

健康保険に関する判断でも同じことがいえる。健康保険に関して、選択者は選択する過程が楽しいからではなく、学んだことが長期的に役に立つだろうと考えて、選択したいと望むかもしれない。選択アーキテクトもおそらく同じ意見だろう。あるいは医療行為について考えてみよう。一部の医者は難しいケースで何かしらのデフォルト・ルールを選択したがり、患者にはデフォルト・ルールを信頼するように勧めたくなるかもしれない。しかし別の医者は、患者の自主性を強く推定してデフォルト・ルールを拒絶し、患者が学べるように、情報を提供したうえで能動的選択を求めるかもしれない。

以上の例について特定の判断を示すのが目的ではない（医療行為については、医師はもっとデフォルト・ルールに頼るべきだというのが私見である。少なくとも知り得た最善のエビデンスにもとづく勧告という形のデフォルト・ルールを提示すべきである。その理由の一つは、多くの患者が選択しないことを選択するからであり、また患者の選択を無視するのは押しつけであるとともに、一種の虐待の可能性さえある。これについては後ほど取り上げる）。特定の状況では、能動的選択を正当化する理由は説得力に欠けると判明するかもしれない。しかしながら学習が重要で、学習を促すために能動的選択が必要な分野はたしかに存在する。

責任と信用〔本人の選択であるという〕について、関連する点がある。あなたが終末期ケアや健康な食生活について自分で選択したとすると、自身の福祉に対する責任を果たしたことになる。関連する選択はまぎれもなくあなたのものだといえるだろう。結果がデフォルトでもたらされたのなら、そうはいえない。責任と信用そのものが重要である、もしくはそれらが役に立つという理由で重要であるなら、能動的選択はデフォルト・ルールよりもかなり優位な立場に立てる。

自動性に対する反論　以上の点から、過去の選択だけにもとづいてデフォルトで特定の結果をもたらす、あらゆる方式についての懸念が生じる。たとえば、以前に投票したのと同じ政党の候補者をデフォルトで投票させる政治制度（オプト・アウト可）を考えてみてほしい。このような制度は、投票者の選好が自動的に表明されるというだけで、明らかに投票の負担を軽減するだろう。多くの投票者にとってこのシステムは好ましいはずだ。ずいぶん便利になるからだ――誤りのコストはそれほど増えずに、判断のコストが減る。しかしながら、この制度は民主制度を特徴づける目標と矛盾する、という有力な主張がある。その目標とは、初期段階でのたった一度の判断を保証するだけでなく、投票者による継続的な学習と精査を保証することである。たとえデフォルト・ルールが負担を軽くするとしても——確実にそうなるだろうが——民主制度の目的の一部は、そのような負担を課すこと、あるいはそれを特権とさえみなし、自治が現実となるように保証することなのだ。

　この目標を真剣にとらえるなら、過去の選択にもとづいた「デフォルト投票」のみならず、投票者がデフォルト投票への参加を能動的に選べるシステムにも反対する論拠となる。それは学習および継続的な精査に対する意欲が、デフォルト投票への能動的な参加さえ許さないからだ。投票者がデフォルト投票に参加できるとしたら、選好および価値観の表明はある意味、あまりに自動的になされることになる。なぜならデフォルト投票は候補者および懸案事項についての投票者の現在の能動的な判断を、何も反映しないからである。

　人がこの問題についてどう考えるかの予備試験として、私はハーバード大学でちょっとした実験を行い、約七〇名の学生につぎのような質問をした。

> あなたは「デフォルト投票」制を検討している州に住んでいるとします。この制度に従って、事前に党の路線《パーティ・ライン》に沿った投票を準備することができます。この制度では、投票者はいつでもpartyvote.gov のサイトに行き、つぎの選挙で共和党候補と民主党候補のどちらに投票したいかを表明することができます。この案をどう思いますか？（サイトのセキュリティは保証されてい

るとみなします。〕

大多数（七九パーセント）はこの案に不賛成であった。興味深いことに、五分の一以上が賛成した。どうやら、この制度は利便性を高めるというのが賛成の理由のようだ。しかし不賛成が多数であることで、より能動的な参加形態に対する支持が規範であることを証明している。

私はアマゾン・メカニカル・ターク〔人材を提供するアマゾンのクラウド・ソーシング・サービス〕で募った別のグループにも同じ質問をしたところ、本質的に数字は変わらず、（総勢五〇人中）七八パーセントがこの制度を拒絶した。このような不賛成は、現代の社会規範を反映しているだけで、技術の進化に伴い変化する可能性がある。この先、デフォルト投票の魅力はおそらくもっと高まるだろう。しかしながら現在の規範は、候補者を選ぶのに、どちらかというと能動的に継続してかかわることを支持する、完全に正当化できる社会性のある判断を提案しているととれるかもしれない。

あるいはパンドラ〔音楽配信サービスの一つ〕について考えてみよう。ここでは利用者が好きな曲や歌手を特定し、その選択にもとづいて一種のデフォルトの音楽「局」を作ることができる。このウェブサイトにはよいところがたくさんあり、かなり楽しい。たとえばボブ・ディラン、エイミー・マンあるいはデイヴ・マシューズ・バンドが好きだと伝えれば、あるいは好きな曲はテイラー・スイフトの「ミーン」だと伝えれば、あなたが気に入りそうな膨大な数の曲を選んでくれる。あなたはそのうちの何曲かを気に入るだろうし、曲を聞いて驚くこともあるだろう。選曲はあなたが好きだと伝えた内容にもとづく（個別化した）デフォルトと解釈することができる。だが、デフォルトで一種の共鳴室《エコーチャンバー》のような場所に置かれた状況では、その場所を作るという第一歩を踏み出したのがたとえ自分であっても、学習と成長の機会は危うくなる[22]。たぶん人はもっと視野を広げる必要があり、利用者の局がボブ・ディラン・ラジオ、エイミー・マン・ラジオ、デイヴ・マシューズ・バンド・ラジオ、ミーン・ラジオだけで構成されるとしたら、利用者はいくらか隔絶されることになるだろう。

ネットフリックスは厳密には（利用者が何もしなくても音楽や映画を再生するという意味での）デフォルトを使用しないが、利用者の過去の選択や評価にもとづいて、提案する作品のセットを組む[23]。ネットフリックス〔映像ストリーミング配信サービスの一つ〕についても同じことがいえるだろう。ネットフリックス独自のファインチューニング（微調整）機能は、きわめて高い精度で作品を提案し、生活の質は明らかに向上する。というのは、利用者が気に入る可能性がかなり高い作品が提示されるからだ（しかも、利用者はその作品をデフォルトではなく能動的に選べる）。問題は、その生活の質の向上のために、必然的に自分の視野が狭くなるという形で犠牲を払うことになるのかどうかである。なぜなら、提案は過去の選択にもとづいており、利用者が視野を広げるように促さないからである。

大都市はこうした視野狭窄と戦う。なぜなら、そこでは目のくらむような多彩な偶然の出会い（セレンディピティ）を奨励するからだ[24]。ある意味、ここでは選ばないことを選択できる。人々は自分が何を選ばないかを知って驚き、それが彼らを豊かにしている。過去の選択にもとづく制御アーキテクチャーと、新しい話題、視点、ものごとと偶然に出会うセレンディピティ・アーキテクチャーはかなり違う。セレンディピティ・アーキテクチャーは自己の能力開発ならびに（重要な側面での）自由そのものと相性がよい。〔スタンブルアポン〔偶然の出会いを意味する〕というアプリケーションが個人のプロフィールを作成し、趣味が似た人が集まるコミュニティを構築するとは皮肉なことだ。このアプリケーションを使えば、自分の嗜好や過去の選択と合致することがらに「偶然出会える」というわけだ）。これについては第Ⅲ部で再度取り上げる。

反論　個々の例を離れて、学習および関連する価値観にもとづいた能動的選択を支持する主張に対して、真剣な反論があることに目を向けよう。その反論とは、能動的に選択するべきかどうか――そもそも選択しないことを選択すべきかどうかについて、人は実際に学んでいるし、また学ぶべきであるというものである。[25] 人はこの選択をする際、ほかの選択をするときと同じように、正しく判断することもあれば間違えることもある。いつ選択し、いつデフォルト・ルールに頼るべきか（そして惰性の力や暗示の力を受け入れるべきか）を長期にわたり学ぶことが重要である。[26] このような二次学習はきわめて重要だ。

ここで問題なのは、能動的選択を強く要求する人、あるいは能動的選択を単に支持し、奨励したいだけの人が、この重要な側面での学習の機会を狭めたり、妨げたりするだろうということである。彼らは学習の機会および価値観や選好を養う機会を大切にするように要求しながら、能動的に選択するべきかどうかというきわめて重要な問題について学習し、能力を開発する機会を切り捨てるのだ。

この反論を考えると、学習を根拠とする主張をもっと洗練させなければならない。特定の事例では、二次学習ではなく一次学習に携わることがとくに重要である。なぜかというとその主体は――たとえば自分は実際に何が好きなのか（政治、芸術、あるいは音楽などに関して）について学ぶことで、それとも生活が長期的にどう展開するかにおおいに影響を与える問題（健康保険や投資など）についての理解を深めることで——何かしらの「資本」を積み重ねていかなければならない本人だからである。

このようないくつかの例において、より洗練されたこの論拠にもとづいて能動的選択を支持すれば説得力がある。しかしこのコインには裏がある。つぎはその裏側を見てみよう。

第5章　選択を要求するパターナリズム

パターナリズムと能動的選択のあいだには明らかな対立があると考える人は多い。しかしながらたいてい、この対立は錯覚である。能動的選択を主張するのはパターナリズムの代案ではなく、多くの場合、パターナリズムの一種である。

われわれはその主な理由をすでに特定している。人によっては選択しないことを選択するのだ。ときとして彼らは明確にその選択をする（そして実際、代わりに選択してくれる人に進んで大金を支払うかもしれない）。人は明確に選択しないこともある。彼らは能動的には何も選ばない。しかしそれでもなお、特定の文脈で、彼らは選ばないことを選好すると推論するのは妥当であり、聞かれれば彼らはそのように答えるだろう。理由の多彩さを思い出してほしい。彼らは失敗することを恐れているのかもしれない。自分には情報が足りない、あるいは行動バイアス（たとえば現在バイアスや非現実的楽観傾向）があることに気づいているのかもしれない(1)。根本的な問題が――経験的、道徳的あるいはその他の理由で――わかりにくい、難しい、苦痛である、やっかいであると気づいたのかもしれない。選ぶことが楽しくないのかもしれない。忙しくて「処理能力」が足りないのかもしれない。後悔することを見越して、それを避けようとするのかもしれない。悪い結果になりうる責任を自分で（そして少なくとも間接的には他人のために）とりたくないのかもしれない[2]。

重要な点を明らかにしたい。つぎの二つ、すなわち（1）誰かほかの人があなたの代わりに選ぶことを選択する能動的選択と（2）選ばないこと、すなわち何も選択しないこと、を区別する必要がある。あなたは先ほど挙げたさまざまな理由で――（1）の意味で――選ばないことを選択するかもしれない。一方で、（たとえば）先送りのために、あるいは自分の選択権を保持したいという理由で（2）の意味で選択しないかもしれない。選択することで何かを失うように感じる場合があり、人は失うことが好きではない[3]。もちろん選択しないという選択と選択しないことには重なる部分がある。人は忙しい、責任をとりたくない、あるいは間違えたらどうしようと考える、といった理由で選ぶことを拒絶するかもしれない。しかし、本書での私の主題である選択しないという選択は、何も選ばないこととはかなり異なる。

人が選ばないことを好む場合でさえ、官民の組織の多くは、人が選択するのはよいことであるという理由で能動的選択を支持し、奨励する。この点で、能動的選択はパターナリズム的だとみなされる。たしかに「過保護国家」は選ぶことを禁止するが、選択しないという選択も禁止する。選択を要求するパターナリズムは魅力的なパターナリズムとなることもあるが、この表現は矛盾ではなく、魅力的ではあってもパターナリズムなのである。

人が選ばないことを選好するときに選択を要求されると、能動的選択は、人の選択が拒絶されるという意味において非リバタリアン的パターナリズムの一種とみなされる。多くの場合、能動的選択を支持する人は実際にそれを義務化しており、パターナリズム的な理由で、人々の選択しないという選択を無視しているかもしれない（人は選択の価値を重視しすぎることがあるという証拠を考えると、選ぶことを選好することによって、格別すばらしくもない選択をすることに時間と労力を注いで福祉が損なわれるという意味で、これは皮肉な事態である(4)）。選ばないことを選好する人に選択を要求するのは一種の強制である――ただし能動的選択によって誤りの可能性と程度が増したりせず、人が学び、自身の行為主体性を表明し、自分の選好を養えるようにすることが重要な場合には、少なくとも、このやり方は正しいかもしれない。

一方、人が選択したいかどうか聞かれ、また能動的選択をオプト・アウト（拒絶の選択）できるならば（たとえばデフォルト・ルールを選んで）、その場合、能動的選択はリバタリアン・パターナリズムの一種とみなされる。場合によって、これはきわだって魅力的な方式となる。これを簡略な能動的選択と呼ぼう。コンピュータのプライバシー設定を自分で選びたいか、それともデフォルトに頼るか、あるいは電力供給会社を自分で選びたいか、それともデフォルトに頼るかを、企業は利用者に尋ねるかもしれない。簡略な能動的選択ではデフォルトか自分の選好かを能動的に選択するように求められ、その意味で、利用者の自由は完全に保たれる。この方式はデフォルト・ルールによって生じる類いの影響を抑え、利用者がデフォルト・ルールに頼りたければそうすることができるという利点がある。この方式の変化形の一つにはすでに触れた。促された選択のことである。この方式では人は選びたいかどうかを聞かれる（「あなたは臓器ドナーになりたいですか？」）が、質問を無視するのも自由で、その場合はなんらかのデフォルト・ルールが適用される。

しかしながら官民の組織が人に選択するよう求める場合はつねに、選びたくないという彼らの選好を無視しているおそれがあり、そういう意味で、その組織は選択を要求するパターナリズムに関与している。この点は選ぶことを選択したいかと人に尋ねる場合にさえも当てはまる。結局のところ、人はそのような二次的選択をしたくないかもしれない（だから簡単なデフォルト・ルールを好むのかもしれない）。彼らは選択の要求で疲れる、いらいらする、押しつけがましい、うるさい、と思うかもしれない（あなたが自分で選びたいかどうかをしょっちゅう聞いてくる配偶者、恋人、友人は親切で寛容に見えるかもしれないが、やがて気に障るようになるかもしれない）。この意味で、能動的選択とデフォルト・ルールのいずれかを選ぶように求めるという、明らかに自由を保つ方式には強い非リバタリアン的側面がある。以上の主張が自明でなければ、あるいは少し耳障りだとしたら、それは、まともに機能している民主制度では能動的選択という概念がよくなじんでおり、また明らかに魅力的なので、ありのままの姿が見えないのかもしれない。すなわち、少なくとも能動的選択になじみのない状況や難しい場面では、これは選択アーキテクチャーの一種であり、多くの選択者が嫌うかもしれない方式なのだ[5]。

第4章での議論にもとづいて、能動的選択を選択すべきか、それとも選ばないことを選択するべきかの問題は、一般に判断のコストと誤りのコストがかかわる（しかしこれだけに限らない）確認可能な一連の問題によって決まる。判断のコストと誤りのコストの合計をできるだけ抑えるという考えは、法の経済分析の一般的貢献のうち最も重要なものであろう。というのは数多くの難しい概念をときほぐすのにこれが役に立つからである。これは費用便益分析を行う簡単で直感的な方法である。判断するのに相当な時間と労力を要するならば、その人はかなりのコストを負うことになる。しかしその時間と労力を使うことが楽しければ、彼らは利益を得ることになる。自分自身の選択によってその人の生活が格段によくなるなら、またデフォルト・ルールが数多くの重大な失敗を生むなら、能動的選択で誤りのコストは発生せず、（そのような前提では）デフォルト・ルールと比べてかなりの利益をもたらす見込みがある。

官民の組織が関連する知識を持たない、利己的である、あるいは自分本位な民間団体からの圧力にさらされているとしよう。その場合、能動的選択を支持する有力な論拠がある。なぜならこの方式によって誤りのコストが減るからである。また選ぶことが好きで、選択することがコストではなく利益になるとしたら、能動的選択に賛成する理由は増える。この場合、人は選択することを選択するはずだ。しかしかかわる分野が複雑、専門的、難しい、新しい、楽しくない場合は、能動的選択に反対する有力な論拠となる。判断のコストが増し、潜在的に誤りのコストも増えるからである。さらに別の問題がある。人はおそらく選ぶことが自由と権限を行使する方法だからという理由で、選択することが本質的に好ましいと考えているのかどうかである。[6] 彼らはよくそのように考えるが、選択しないという選択自体も一つの選択であり、これも能動的選択であろう（また本質的に好ましいかもしれない）。たびたび問われるのは人が行為主体性を発揮すること（そしておそらくはその行使から学ぶこと）は重要かどうかである。

この場合、人も状況も疑いなくかなり多様である。[7] 通常は選ばないことを選択する人もいれば、この方式を嫌悪する人もいる（しばし振り返ってみれば、たいていは自分の傾向が明らかになる）。人によっては専門的で難しい分野が、ほかの人にとっては朝飯前ということもあるだろう。選択は非常に楽しいこともあれば、かなり面倒なことがあるのも知っている。もちろん、状況は大事だ。衣装を選ぶのが好きな人もいれば、大嫌いな人もいる。新しい靴を買いに行くのが楽しい人もいれば、苦痛に感じる人もいる。ある状況にいる人のなかには、ほかの条件が同じなら、自分で選ぶ権利を手に入れるために進んで高いお金を払う人もいるだろう。[8]

関連する「リアクタンス」現象と比べてみよう。これは人を支配または制限しようとする行動への否定的な反応を指し、自主性を主張したいという願望が一つの動機となる。ジャック・ブレームはリアクタンス現象を詳しく調べて、その前提条件を示し、誰かが自分の選択権を奪おうとしている、もしくは自分を支配しようとしていると考えると、人は抵抗を強めて否定的に反応するかもしれないことを証明している。[9] その結果、自分の最初の信念、願望、あるいは行動計画への関心を強めるかもしれない。選択アーキテクトが人に選択しないように奨励するとき、あるいはデフォルトの選定さえするとき、リアクタンスのリスクを排除することはできない。

しかし、一部の人は状況によって、ほかの条件が同じなら、誰かに代わりに選択してもらうために進んで大金を支払う。彼らは代理人がいてくれたらと望み、金を払って雇いさえするだろう。ときには人がリアクタンスをまったく示さないこともある。実際、彼らは選択を容易にしたり、選択の必要をなくしたり、あるいは受動的選択を可能にしたりするアーキテクチャーもしくは戦略を進んで受け入れ、一種の増大した受容性——「レセプタンス」と呼ぶ——という正反対の反応を示す傾向がある。人はこれらの点の価値を直感的に理解したうえで、選択すべきかどうか、またいつ選択すべきかの判断にそれらを組み入れる傾向がある。うまくいっている家族は、思いやりを方針として、人がいつ選択したがり、いつ選択したがらないかを反映する形で、責任を確実に割り当てようとする傾向がある。(10)

特定の領域を調べると、能動的選択に賛成する主張の長所と短所の両方がしばしば明らかになる。多くのレストランが分厚いメニューを用意して客に多彩な料理を勧めようとしているが、よく知らない国を訪れた旅行者はデフォルトのメニューを好むかもしれない——両者の思惑がずれるのは判断のコストと誤りのコストを反映している。以下のことがらが確認できる範囲で、人々の選択したいという気持ちが強すぎるのか（たとえば自信過剰により）、それとも弱すぎるのか（たとえば特定の組織を信頼しすぎているため）という興味深い問題がある。ほとんど疑問の余地なく両方の問題が起こるだろう。

一見したところ、部分的に判断のコストと誤りのコストにもとづいて判断する、能動的選択かデフォルト・ルールかの選択は、少なくとも第三者の利害が絡まない場合は選択者自身が行うべきだと思われる。選択者が選ばないことを選択する場合、あるいは求められれば選ばない選択をする場合、その選択はおおむね尊重されるべきである。そのかぎりにおいて、選択を要求するパターナリズムは、普通は避けるべきである。選択者の行動に関する市場の失敗（現在バイアスなど）も含め、なんらかの市場の失敗がかかわらないかぎり、官民の組織は、人が選ばないことを好む場合に能動的選択を主張するべきではない。これは人が能動的選択を好む場合にデフォルト・ルールを主張するべきでないのと同様である。

もちろん「〜ないかぎり」という条件は重要である。選択しないという判断はその人のためにならないかもしれない。だとしたら、おそらくは（関連情報の開示や警告など）ナッジ〔柔らかく押しやること〕の形での何かしらの介入は好ましいだろう。追加の条件についても見てきた。能動的選択に賛成する主張は、学習、信用、責任、そして価値観と選好の発達が重要である場合に、強みを増す。このような場合、選択を要求するパターナリズムはかなり魅力的だ。このことは過去の選択にもとづいてデフォルトで商品やサービスを買わせるプログラムについての重要な警告となる。一見したところこれは魅力的な方式だが、消費者として、また市民としての役割を人々が学ぶうえで障害となる。このような場合、選択を要求するパターナリズムという言い回しは矛盾ではなく、そこにはもっともな理由がある。私が第Ⅲ部で示すいくつかの証拠は、人々がこの点を直感的に理解していることを示唆している。

■選択の多様性

能動的選択を受け入れる人の多くは、商品やサービスを利用する消費者は政府の影響から自由であるべきだと考える。もちろん、市場では生産者がさまざまな影響を及ぼすことを彼らは認識しているが、第三者が影響を受けず、強制や不正がかかわらないときは、政府は中立の立場を保つべきだと主張する。能動的選択を受け入れる人は政府によるパターナリズムを拒否する。消費者の選択が適切な情報にもとづいて行われることを保証するために、公務員に対して正確な情報を提供するように求めるのはおそらく妥当である。しかしながら政府が――何かしらのパターナリズムを受け入れることで――別の方法で、政府にとって望ましい方向にデフォルトで人々を誘導しようとするなら、それは政府の適切な境界を越えている。このことを考えると、人はデフォルトで自由にはなれない。

しかし能動的選択は何を引き起こすだろうか？[11] 三つの可能性を考えてみよう。簡単にまとめると、それらは直接の処罰、影響力の行使、普通の市場での調整と名づけることができ、それぞれに複雑さがある。

直接の処罰　たいていの状況では、選択しない人を刑務所に入れるべきだ、あるいはほかの形で罰するべきだと主張する人はいない。選択しなければ、商品やサービスを受け取れないだけのことである。だが例外はある。オーストラリア、ベルギー、（一九七〇年以前の）オランダを含むいくつかの国では、投票しないと民事制裁を受け、そういう意味で能動的選択を拒絶すると罰せられることはある。[12] また医療費負担適正化法は健康保険について選択するように求め、選択しない人には税による罰金が科される。

能動的選択に関して、この二つの事例のいずれにもちょっとした欠点がある。人は一つの次元で選ぶことを強要され（誰に投票するべきか、どの健康保険プランを購入するべきか）、別の次元では選ぶことを禁止される（投票するべきかどうか、あるいは健康保険を購入するべきかどうか）。しかし要求される選択が一種類であるかぎりにおいて、必須の能動的選択について語ることは妥当である。選択しない場合に制裁を課されるほかの状況を想定できるが、そのようなケースは正直なところ現実とは思えず、まるでSFの世界だ。臓器提供を希望するかどうかを判断しなければならない（選ばなければ刑罰を受ける）、あるいはコンピュータのプライバシー設定を選ばなければならない（選ばなければ民事制裁を受ける）事例を考えてみよう。

選ばないことを選択する人に制裁が課されることは稀であるという事実は、自由な社会ではそのような選択が一般に認められており、実際、それは自由の正当な一部であるという暗黙の認識を示しているととらえるべきである。その理由の一つに情報がかかわることをすでに見てきた。何が欲しいかは本人がいちばんよくわかっており、たとえ彼らが選ばないことを選択したとしても、代わりに他者が選択するべきではない。この見方は、よくできた面白い実験によって裏づけられている。クリスマスを前にして、家族や親友は、相手がたいして気に入りもしないプレゼントをしばしば選ぶ——結果的に毎年何十億ドルもの損失が生じる（贈られた相手にとってのプレゼントの価値が実際の価格より低いという事実を反映した結果[13]）。家族や親友でさえ失敗するのに、政府が失敗を避けられるだろうか？

影響力の行使　能動的選択は特有の意味で義務となることがある。すなわち、たとえ厳密な意味での商品やサービスが、求められている選択の具体的な対象でなくても、あることがらに関して能動的選択をしないかぎり、その商品やサービスを手に入れることができないのだ。そういう意味で、ある種の影響力の行使がかかわる。能動的選択を求められている当の問題と選択する特定の商品との関係の連続性を想像するのは可能である。たとえば自動車保険に関する好みを明らかにしなければ車を借りることはできないといわれれば、そこには緊密な関係が生じる。またパスワードを用意しないかぎり、あるいはプライバシー設定についての好みを示さないかぎりコンピュータを使えないといわれれば、そこにも緊密な関係が生まれる。実際、いずれのケースも普通に見られる。市場では、買い手が製品を入手したり利用したりするために、関連することがらに関して買い手側が能動的選択をしなければならないと、売り手が主張することがある。

これとは反対に、退職プランに関する好みを明らかにしなければ特定の雇用主のもとで働けないと告げられた場合のつながりは、いくらか弱い。臓器提供に関する好みを明らかにしなければ運転免許はとれないといわれた場合のつながりは、さらに弱い。コンピュータのプライバシー設定についての好みを選択しなければ、投票のための登録はできないといわれた場合のつながりは、いっそう弱い。

最後の二例では、選択を求められている問題と、具体的に手に入れようとしている対象のあいだに強いつながりはない[14]。この分類に当てはまるいくつかの事例で、問題となる対象を簡単に拒絶できない場合にかぎり（運転免許、就職、投票権など）、能動的選択の要求にはきわめて強制的な側面があることに注意してほしい。

この形での影響力の行使について評価するには、公的組織と民間組織を区別することが重要かもしれない。おそらく、民間組織は市場の力によってすでに統制されており、ほかの次元と同様この次元でも自由競争が行われているはずである。人が能動的選択をかなり嫌っている場合、能動的選択を求めない民間組織が、それゆえに顧客に好まれるとすれば、能動的選択を求める別の民間組織は罰せられるだろう。当の商品やサービスと能動的選択の対象とのあいだに緊密なつながりがないかぎり、たぶん公的組織は選択を求める前にためらうべきである。一方、少なくとも民主的社会では、公的組織は公に対する説明責任によって統制されている。公的組織が人命を救うために選択を要求しており、しかもその戦略が有効であるならば、われわれは公的組織が違法な行為を働いたと早急に判断するべきではない。

普通の市場での調整　たいていの市場では、商品、サービス、あるいは仕事を能動的に選択することはそれらを手に入れるための条件である。普通の市場での消費決定に関して人はさまざまな選択肢を与えられ、そのうちの一つ以上を選択するか、何も選ばないことができる。選択しないかぎり関連する商品やサービスは手に入らない。デフォルトで（何も選んでいないのに）タブレット端末、携帯電話、靴、あるいは釣り竿を買わされることはない。ウェブサイト、レストラン、食糧雑貨店、家電店を訪ねるとき、客は一般に能動的選択を求められる。デフォルト――何も行動しない場合に起こること、と理解される――では何も購入させられることはない。能動的に選択しないかぎり商品やサービスは得られない。雇用市場でも同じである。少なくとも正式には、一般にデフォルトで特定の職に就かされることはない。さまざまな選択肢を示され、どれか一つを選ばないかぎり雇われない。この点で、自由市場はたいてい能動的選択を要求する（もちろん、これについては文化の違いがあり、それほど正式でないデフォルトがさまざまな形で実施されている。とくに雇用の場では、実際に若者がデフォルトで特定の仕事に就いている）。

この状況は回避できないわけではないと理解することが重要である。人が特定の製品を欲しがり、それを買い、手に入れたら、請求されるままに代金を支払わなければならないと売り手がみなす、もしくはそう仮定するような状況を想像することは可能である。たとえば、ジョンソンはスティーブン・キング、センディール・ムライナサン、ジョイス・キャロル・オーツの新しい本を買いたがっている、スミスは特定のタブレット端末の新製品を買いたがっている、ジョーンズは特定のスニーカーを買いたがっている、あるいはウィリアムズは歯磨きを切らして、同じ種類の歯磨きの新品を欲しがっている、という事実がわかるだけの十分な情報を小売店が持っているとしよう。売り手の判断に誤りがなければ、あるいはたとえほぼ誤りがないという程度でも、関連する商品の購入をデフォルトで手配するのは迷惑で差し出がましいことだろうか、それとも彼らにとって大きな利益になるだろうか？　既存の技術のおかげで、この問題がますます提起されるようになっている。

能動的選択を要求する最も有力な理由の一つは、信頼できる予測ショッピングのアルゴリズムが存在しないことである、というもっともな主張がある。この理由により、能動的選択は購入の間違いを予防する欠くことのできない手段であり、したがって、（デフォルトで）購入者とみなされるかもしれない人々のためになる。この観点から、積極的同意は間違いを予防するというのが能動的選択を支持する論拠となる。この場合、信頼性の高い技術が利用できるようになったときに、予測ショッピングが可能になる余地は残る。そのような技術が可能にならないかぎり、予測ショッピングは受け入れられないだろう。この問題は第Ⅲ部で再度取り上げる。

なるほど、市場は一般に能動的選択を要求するが、そこには重要な条件がある。この条件は、背景となる権利なしに市場は存在しえないという事実に起因する。背景となる権利は、人が選択をするにあたり何を持っていて、何を持っていないかを明らかにする。この背景となる権利は選ばれるものではなく、与えられるものである。財産権は人に特定の権利を与えるが、ほかの権利は与えず、また財産権は取引の基礎を提供する。たしかに、人は年齢による差別から自由になるための何かしらの「デフォルトの権利」を持っているかもしれず、その権利はかなりの代償を払って放棄することができるが、このような権利のなかには（人種や性別による差別から自由になる権利のように）放棄できないものもある。

　重要なのは、人の選好は、背景となる権利についての公式の判断に影響されるかもしれないことである。ここで最も重要な研究成果は、授かり効果である。すなわち財貨を購入しなければならない場合よりも、それが最初から割り当てられている場合のほうが、人はその財貨を高く評価する傾向がある。[15] 宝くじの券をもらった、あるいはひいきのスポーツチームのロゴ入りマグカップをもらったとしよう。それを手放すためにあなたはいくら要求するだろうか？　答えは、最初にそれを買うために喜んで支払うであろう金額よりもずっと高額になりやすい。第1章で論じた休暇の研究を思い出してほしい。人は二週間の休暇を買うのに六〇〇〇ドルしか支払おうとしなかったが、同じく二週間の休暇を諦めるのに一三〇〇〇ドル要求することがわかった。契約の分野では、最初から権利を与えられているか、あるいはその権利を買う必要があるかが、かなり意味を持つ可能性がある。[16]

　ここでの教訓は、授かり効果があるために、最初に誰が権利を手にするかを人や組織が判断するかぎりにおいて、人の選好および価値観が影響されないようにするのは困難もしくは不可能かもしれないということである。[17] 人の選好が権利を与えられた結果として形成されるならば、人に何を選好するかを尋ねてどの権利を与えるか選ばせることはできない。

■選択アーキテクトとしての売り手

売り手は、能動的選択を特徴とするある種の選択アーキテクチャーを開発することがよくある。しかし、能動的選択が当然とみなされる領域においても、それが不可欠とはいえないということは明確にしておかねばならない。組織は能動的選択を選ぶ代わりにデフォルト・ルールを選び、選択者が何もしないとどうなるかを規定するかもしれない。

運転免許を取得する人は、デフォルトで臓器ドナーとなる場合があることや、特定の雇用主のもとで働き始める人は、デフォルトで特定の退職プランまたは健康保険プランに加入させられるかもしれないことをすでに見てきた。別の形で、特定の製品――たとえば本や雑誌の定期購読――の購入という能動的選択をする人は、同様の製品を定期的に続けて受け取るプログラムに加入することを能動的に選択したかどうかにかかわらず、自動的に加入させられるかもしれない。昔からあるブック・オブ・ザ・マンス・クラブ〔月々の購読料を支払うと毎月本が届けられる通販の形態〕はこの手の戦略を採用していることで知られる(18)。

不思議に思うかもしれないが、製品を購入するための能動的選択が、その製品とは無関係なデフォルト・ルールを選択するきっかけとなることもある。たとえば、ある本の購入が健康保険プランへのデフォルトでの加入につながったり、あるいは健康保険プランへの加入を能動的に選択して、ブッククラブにデフォルトで加入させられたりするかもしれない。情報の開示が十分ではない極端な例では、こうした手口は詐欺の一種なのかもしれないが、このような方式が単に人の選好を追っているにすぎない例が考えられる。たとえば民間組織が、製品X（たとえばある種の音楽）を購入する人は製品Y（たとえばある種の本）を好む傾向があると知っているとしよう。少なくとも原則的には、さまざまな提案、デフォルトの広告、政治的意見のデフォルトでの提示、またおそらくはデフォルトでの購入さえ歓迎されて、それが人々のためになることもあるだろう。たとえば、ウェブサイトのパンドラは利用者の音楽の好みを追跡して、政治をはじめとするほかの問題についての利用者の嗜好や判断をそこから推測している[19]。

これより異論の少ない方式としては、簡略な能動的選択を思い出してほしい。これは選びたいかどうかを選択者にはっきりと尋ねる場合に生まれる概念である[20]。消費者は次のように質問されるかもしれない。携帯電話の設定を自分で選びたいですか、それとも大部分の人もしくはあなたに似た人にとって最適と思われる設定をデフォルトでご用意しますか？　健康保険プランを自分で選びたいですか、それともあなたと同じ人口統計上の分類に属する人にとって最適と思われるプランにデフォルトで加入したいですか？　簡略な能動的選択では、選択したくないという二階の欲求〔一階の欲求に対する〕によって、多くの人がデフォルト・ルールを支持して、選ぶことを拒否するかもしれない。彼らは自分の判断を信用していないのかもしれないし、学びたくないのかもしれない。その話題に不安を感じるのかもしれない。それともほかにやりたいことがあるのかもしれない。

簡略な能動的選択はかなり見込みがあり、魅力的だと述べたが、それはとりわけデフォルト・ルールが抱える影響の多くを回避でき、そのために自主性を尊重しているように見え、一方でデフォルトを選択することが可能だからである。携帯電話の設定や健康保険プランについては、選択者は能動的に選択したければ選択でき、そうしたくない人は（能動的に）デフォルトを選択できる。

しかしながら簡略な能動的選択は、少なくとも純粋に選びたくない人にとっては完全無欠の解決策ではないことを思い出そう。何しろ彼らはまさしく選択することを求められるのだ。そういう人々のなかには、能動的選択かデフォルト・ルールかを選ばされることさえ望まない人もいる。このいずれかを選ぶとしたら、彼らはデフォルト・ルールを選ぶだろう。簡略な能動的選択でさえ時間と労力を要し、費用がかかるので、一部の人もしくは多くの人はその手間をかけたがらないだろう。簡略な能動的選択はその魅力にもかかわらず、状況によっては歓迎されない迷惑な重荷になるのかもしれない。

■「過保護国家」は選択しないという選択を禁じるか？

人が選ばないことを好むとき、能動的選択はパターナリズム的ということになるのだろうか？　この疑問に答えるには、まずパターナリズムを定義しなければならない。もちろんこのテーマに関してはおびただしい数の文献がある。(21)　きわめて難しい問題をひとくくりにして、さまざまな定義が与えられていることに注目すると、パターナリズム的アプローチという統一テーマは、民間または公的な組織は、選択することで選択者の福祉が向上するとは考えておらず、本人のためになると組織がみなす方向へと選択に影響を及ぼしたり、選択を変更したりするための対策を講じていることを指すのは明らかなようだ。(22)

このように定義されたパターナリズムの、何が問題なのだろうか？　パターナリズムを拒絶する人々は主に福祉か自主性、あるいはその両方を引き合いに出す。(23)　彼らは福祉に関して、自分のためになるものは何か、自身の福祉を向上させるものは何かについて最良の判断を下せるのはその人個人であると考える傾向があり、また部外者は重要な情報を持たないので介入させるべきではないとも考えがちである。ジョン・スチュアート・ミル自身が、これは公務員を含む部外者の基本的な問題であると力説したことはすでに見てきた。ミルは人々がまともに生活できる可能性を高めることを目指したのであり、最善の策は公務員が人々に自分の道を見つけさせることだと強く主張した。

これは個人が優れた情報を持っているという主張にもとづく、福祉についての議論である。しかしこれとは無関係に自主性の点からの議論もあり、人は自分にとって何が最善か知らなくても、またまずい選択をするとしても、その人が適切とみなすことをなす権利があると力説する（少なくとも他者に害を及ぼさず、何かしらの集合行為問題（たとえば公園といった公共的な財による便益を、そのコストを負担することなく享受しようとする者が増えれば、結局その財が提供されなくなるという問題）が絡まないかぎり）。この点で、選択の自由には単なる有益な価値とは違う、内在する価値がある。人が自分の思い通りに行動する能力を排除するのは個人の尊厳に対する侮辱であり、一種の幼児化である。(24)

こうしたパターナリズムへの反論に説得力があるかどうかはともかく、ここでの私の疑問は、選ばないことを選択する人にこの反論が当てはまるかどうか、当てはまるとしたらどのように当てはまるか、である。よく考えてみると、この反論は見事に当てはまり、そういう理由で選択を要求するパターナリズムという表現は矛盾ではない。すでに見てきたように、人はさまざまな理由で選択を拒絶する可能性がある。情報や専門知識が不足していると思っているのかもしれない。間違いを恐れる場合もあるだろう。選ぶという行為が楽しくないのかもしれない。その場合は、自分の代わりにほかの人が判断してくれれば選ぶことが好きになるかもしれない。とくに考えることが苦痛もしくは難しい状況で（臓器提供や終末期ケアなど）、選択に伴う感情コストを負担したくないこともあるだろう。権限を譲ることで安心したり、楽しいとさえ感じるかもしれない。[25] 責任をとりたくないのかもしれない。忙しいこともあるだろう。自分のバイアスに気づいているのかもしれない。選択を悔やむことにかかわる心理的コストを負いたくないこともあろう。能動的選択は選択に関する責任を選択者に負わせ、そのせいで選択者の福祉を損なう可能性があるのだ。

日常、人は無数の問題に関して友人や家族をはじめとする他者に判断を委ね、結果として生活が楽になることは多い。通常の人間関係では、はっきりと言葉で表現することもそうしないこともあるが、人は機能的にデフォルト・ルールに相当するものの恩恵を受けていることに私は気づいた。たとえば結婚生活では特定の判断（家計の管理や休暇の計画）はデフォルトで夫または妻が下し、特定の状況ではオプト・アウトできる。これと似た状況は、人が官民の組織とかかわり、選ばないことを選択する多くの場面に見られる。人が自分の代わりに選択してもらうために他者に大金を進んで払うことがあるのをわれわれは見てきた。しかし、明白な支払いや行為主体の権限の付与がない場合でさえ、人は選択する義務から解放されることを好むかもしれない。なぜならそれによって判断のコストまたは誤りのコストあるいはその両方が減るからである。

ジョーンズは退職プランについてよい選択ができそうにないと考え、そのためにこの問題を専門とする人が選んだデフォルト・ルールを選好するとしよう。ミルの言葉を借りれば、ジョーンズがいちばんよくわかっているのではないか、という疑問が湧く。あるいはスミスはものすごく多忙で、最重要事項に専念したがっており、自分に合う健康保険プランやコンピュータの最適なプライバシー設定についての質問には注意を向けたくないとしよう。ミルの主張は、スミスの選択に対する敬意を支持していないだろうか。政策立案者がこの主張を受け入れて、人の福祉に配慮するならば、選択者が選ばないことを選択しても、その選択に従うかもしれない。人は自分にとって何が最善かを知っているという本人ならではの立場にあることを根拠に選択の自由が認められるなら、この主張は、人が選ばないことを自由意志で選択する場合にも、その選択への敬意を支持するはずである。

あるいは健康保険、エネルギー供給会社、プライバシー、クレジットカードのプランがかかわる場面で、ウィンストンは自主性を発揮して、意思決定の権限を人に譲り、選択する権利を放棄することにしたとしよう。官民の組織がその選択を尊重しないとしたら、それはウィンストンの尊厳に敬意を示さず、侮辱することにならないだろうか？

自主性の尊重が、選択するかどうか、またいつ選択するかという判断への敬意を要求すると仮定することは、少なくとも妥当に思える。人は無数の判断を下す立場にあり、取るに足らない、退屈、あるいは難しいと思われる問題よりも、第一の関心事に注意を向けることで自主性を発揮したいと判断するかもしれないという事実に照らせば、この見方はとりわけ理にかなっていると思われる(26)。人は時間は貴重だと考えているかもしれず、貴重品のなかでも最も貴重な時間をほかのことに使いたいかもしれない。本当に関心のあることに注意を向けたいかもしれない。人はこのようにして行為主体性を発揮するのである。

■人はデフォルトが嫌いなのか？——リアクタンスを越えて

デフォルト・ルールは人の自由を妨げると考える人もいるが、先ほどの主張からすると、これはかなり疑問である。本質的に経験にかかわる、関連する問題がある。人はデフォルト・ルールの存在が本当にわずらわしいのか、それともデフォルト・ルールが自分のために選択されたと気づかされた場合にわずらわしくなるのか？　私は前にリアクタンスという現象に触れた。リアクタンスは、選択をコントロールしようとする試みを拒絶できることを示唆する。このような試みは、最初の計画を完遂しようという選択者の思いを強めることがある。権威者に煙草を吸わないように促されたとき、そのような人はなおさら煙草を吸うようになるという反応を見せる危険がある。自由が危険にさらされていると感じると、リアクタンスが生じやすくなる。反抗という概念はリアクタンスの一面をとらえており、善意の介入の有効性を脅かすことがある。これはデフォルト・ルールにとってどの程度、問題になるだろうか？

研究者はこの疑問に対する十分な答えを持たない。特定の状況および信頼の度合いは間違いなく重要である。「レセプタンス（受容性の増大）」の現象がリアクタンスの現象と対応することはすでに見てきた。人は提案、デフォルト、さらには規制さえも歓迎することがある。レセプタンスに関する、実験にもとづく包括的な文献はまだないが、今後、確実に出てくるだろう。さしあたり、終末期ケアの場面でのつぎの結果を考えてみよう。デフォルト・ルールが人の判断を左右するという理由で選ばれたことを選択者がはっきりと知らされている場合、その情報は人がどう行動するかに本質的に影響しない。実験はつぎのように行われた(27)。参加者には二つのデフォルトが示された。

１　私は、たとえさらなる痛みや苦しみがあるかもしれないとしても、できるだけ長く生きられるように助けてくれる治療法を医療提供者と代理人が追求してくれるように望みます。

２　私は、たとえ長く生きられなくなるとしても、痛みと苦しみを和らげてくれる治療法を医療提供者と代理人が追求してくれるように望みます。

このいずれかをデフォルトとして、あらかじめ用意した選択肢として示されたが、実験参加者はイニシャルを記入することで別の代案を選ぶ機会を与えられた。予想通り、参加者はデフォルトにとどまる傾向が強かった。しかし多くの参加者にはつぎの情報も与えられた。

この研究で具体的に注目するのは「デフォルト」――すなわち人が別の行動をとらない場合に実行される判断です。参加者は二つの実験グループに分けられています。

あなたが一つのグループに割り当てられた場合、あなたが完成させる事前指示書には、たとえ長く生きられなくなるとしても、痛みと苦しみを和らげてほしいと医療提供者に指示する項目にチェック済みの印が入っています。別の選択肢を選びたければ、そちらにチェックを入れて、あなたが選んだその選択肢の横にイニシャルを記入するように求められます。

もう一つのグループに割り当てられた場合、あなたが完成させる事前指示書には、たとえさらなる痛みや苦しみがあるかもしれないとしても、できるだけ長く生かしてほしいと医療提供者に指示する項目にチェックが入っています。

この実験の全容を事前にはっきりと知らせたことは、彼らが最終的にどう判断するかに重大な影響を及ぼさなかったことに注目したい。このような形で情報を与えられるかどうかに関係なく、彼らは同様にデフォルトにとどまる傾向が見られた。リアクタンスの証拠は見られなかった。この結果は、たとえデフォルトの効果について知らされ、特定のデフォルトはそのような効果をもたらすゆえに選ばれたことをはっきりと知らされても、選択者がデフォルトを不快に思わないかもしれないことを強く示唆している。この場合も、通常の反応は「どうでもいいよ」なのかもしれない。

いかにも、終末期ケアの問題は独特であり、人がデフォルトをもっと苦々しく思っているかもしれない別の場面では、違う結果になるかもしれない。たとえば臓器提供の場面では、臓器提供が増えるようにするためオプト・アウトのデフォルトが選ばれたことをはっきり知らされれば、「推定同意」に懐疑的な人々はデフォルトを選ばない可能性が高くなるかもしれない。この問題に関して、とくにデフォルト・ルールがリアクタンスやレセプタンスをもたらす場合、あるいはなんの影響ももたらさない場合の状況に関してさらなる研究が強く望まれる。

■自由と自由の譲渡

一部の状況では、選択しないという選択は自由の譲渡のように見えるかもしれない。極端な場合には、人は何か根本的な意味で、奴隷になることを選んだり、あるいはそうでなくても、選択する権限という意味での自由を手放すことを選ぶかもしれない。考えられる例としては、人は投票所に行かないという意味ではなく、（正式に）投票権を他者に譲り渡すという意味で、投票しないことを選ぶかもしれない。もちろん、ほかの人がどう考えるかを考慮するのは合法だが、投票権を正式に譲渡することは法的に許されない。その理由の一つは、票の売買を禁じることで解決する集合行為問題もあり、投票制度に固有の論理が崩れるからである。誰でも票を売れるとしたら、たとえその結果、特定の票の購入者に政治権力が集まることで集団的な損害が生じる結果になっても、多くの人が（当然ながら）票を売るだろう。基本的に、票の売買が許されれば、投票権は個人または個々の団体に集中する可能性があり、票を売るという判断が個別には理にかなっていても、票を売る大集団が生まれるという見地から、結果は困ったことになるだろう。しかし票の売買を禁止する自立的な理由は、個人が自分たちのリーダーを選ぶ自由を放棄するようになるからである。おそらくこのような放棄自体認められない。

あるいは、人は宗教的信念や未来の配偶者に関して、選ばないことを選択するかもしれないし、それらの選択を人に任せるかもしれない(28)。生活の中心的あるいは私的な部分がかかわる場合には、たとえ自発的であっても選択の自由を譲渡することはできず、関連する判断は個人が自分で下さなければならないという結論をわれわれは導き出すかもしれない。人は自分や自分の状況に何が適切かをいちばんよくわかっているので、たとえ本人が望んでも、選択を譲渡するのは危険すぎると、われわれは考えるだろう。それとも宗教や配偶者の選択がかかわる場合、本人が責任を負うことが不可欠だとわれわれは考えるかもしれない。宗教的信念の本質を正しく理解すれば、責任の放棄はそれと相容れないかもしれない。あなたが配偶者を自分で選ばなかった場合、結婚生活への献身度は弱まるかもしれない（これはもちろん経験的な問題であり、また文化も多様である）。〔本人の選択であるという〕信用が重要であることも思い出してほしい。間違いなく自分で選択をすることが重要な状況では、選ばないことを選択してはいけない。選択しないという選択もしくはなんらかの委任は、行為主体性の発揮に対する、腹立たしい拒絶かもしれず、自分の選択とはいいきれない結果をもたらす。

どの場合に純粋な自由の譲渡や認めがたい信用の放棄がかかわるかは、複雑な問題である。しかし複雑な事例がかなりあるとしても、人は自主性を根拠にいくつもの領域で選ばないことを許されるべきではない、という意見に対する一般的な反論として、このような事情を安易にとらえることはできない。たとえ自主性や行為主体性が、私的な選択や決定的な選択に責任を持つように要求するとしても、人が選ばないことを選択し、わずらわされることを望まない広範囲のケースでは、自主性や行為主体性を理由に責任を負うように求められることはない。

■選択者の利益

選択しないという選択は（選択者自身が定義する）選択者の利益にならないかもしれないという点は強調しておくべきである。そのため、選択を要求するパターナリズムには福祉国家主義的な正当化の理由があるかもしれない。選択者はおそらく（権限の委任、すなわちデフォルト・ルールが有害かもしれないことを明らかにする）重要な情報が不足している、つまりなんらかの形の限定合理性に悩まされているという理由だけで、選ばないことを選択する。行動に関する市場の失敗は、何を選ぶかに関して選択に影響するかもしれないだけでなく、選ばないという選択にも影響するかもしれない。たとえば選択しない人は、自分の選択で大失敗した最近の出来事に過剰に反応して、「利用可能性バイアス」の影響を不当にこうむるかもしれない。それとも、おそらく選択者の視野が狭いせいで、選択に伴う短期コストの影響を過度に受けて、学習（そしてそれに伴ういくらかの投資）が必要になる可能性があり、その一方で、かなり大きくなるかもしれない長期の利益を過小評価するおそれがある。また選ばないという判断に一種の「現在バイアス」が影響しうることも思い出してほしい。時間1におけるジョーンズの選ばないという判断が、時間2、3、4、5における彼の福祉を損なうことになるという、一種の内面的な集合行為問題に、人は直面するかもしれない。

しかしながら、パターナリズムを拒絶する人々にとって、こうした懸念は、選択しないという選択も含めた選択を妨げるよりは、たいていよりよい情報をもっと提供する根拠となる。この点で、パターナリズムに対する一般的反論は、能動的選択を要求する人にも向けられる。もちろん、パターナリズムに反対するのは間違いかもしれない[29]。しかしこのような反論に関して重要なのは、一般的な状況や特定の状況で、選択しないという選択が間違いを招きやすいかどうかである。理論上は、選択しないという選択がとくに間違いを招きやすいと考える根拠はない。人が自信過剰に陥りやすいことを考えると、選択しないという選択は格別に正しい選択となるかもしれず、このことは選択を要求するパターナリズムにとって重大な問題となる[30]。

■福祉の損失と処理能力の軽視

この点に関して、一部の人が正確に選択しようとして時間をかけすぎた結果、福祉がひどく損われることを示す証拠について考えてみよう。状況によって、人は選択に伴う一時的コストを過小評価し、利益を過大にとらえて、「選択の自由の増減が作業の成果に及ぼす影響ならびに作業に伴う感情に及ぼす影響を予測する際に、体系的なミス」を犯す。[31] 人がこのような体系的ミスを犯すならば、自分の福祉が重要だとしたら選ぶべきでない状況で、選ぶことを選択する可能性があるのも当然である。バリー・シュワルツは重要な著書で、選択肢が多すぎる場合に人が直面する複数の問題を検討し、ほとんど助けもなくこうした問題を解決することの難しさを探っている。[32] シュワルツは、状況によっては選択肢が少ないほうが人はうまくやれると主張する。これと密接にかかわる結論として、多くの場合、人はデフォルト・ルールに頼るときに最高の結果を出せるというものがある。

また、われわれの行動バイアスのいくつかは、自分のための判断をするときに露呈するが、人のための判断をするときには、このバイアスは小さくなるかまったく現れないことを示す証拠もある。そのため、代理人は依頼人よりもましな判断をすることがある。そしてやはりこのために、依頼人が代理人に頼ったほうがうまくいくことがある。人が自分の見通しに関して非現実的楽観傾向におちいるときでさえ、ほかの人の見通しについて考えているときは正確に可能性を判断できることは考えられる。実際、ジェニファ・アーレンとステファン・トントラップは、代理人には「授かり効果」が現れないことを発見した。これはある物が他者の手中にあるときよりも、自分が所有しているときのほうが、その品物に価値があると考える、という傾向を指す(33)。同じように、エミリー・プロニンと彼女の同僚は「バイアス・ブラインド・スポット」を調べた。この言葉は、人は自分のバイアスよりも他者のバイアスをはるかに特定しやすいことを指す(34)。たとえば、人は自身の判断にひそむ利己的なバイアスには気づけなくても、他者の利己的なバイアスは見破る。

ここには選択しないという選択にとって重要な意味合いがある。人のために判断するときにバイアスが小さくなるなら、自分に代わって（信頼できる）他者に判断してもらう、あるいは少なくとも見つかり助けてほしいと頼むことは、理にかなっているだろう。もちろん、自分のバイアスが本当に見えないとしたら、バイアスの影響を抑えたいという理由で選択しないという選択をする可能性は低い。しかし多くの人、そして多くの依頼人は、自分が誤りやすいことを十分に自覚しており、そのため公式、非公式の代理人（医師、弁護士、投資顧問、同僚）に進んで頼ろうとするのだ。

人が処理能力に限界があるせいで苦労することはすでに強調した。これは人が選ばないことを選択する理由の一つである。しかし人は自分の処理能力の限界をよく理解していないという意味で、「処理能力の軽視」にもおちいる。処理能力の軽視は「計画錯誤」と密接にかかわり、この言葉を説明するのに役に立つ。計画錯誤とは、人が実際よりもかなり早めに作業を終えられると概して考えがちであることを指す(35)。人が自分の処理能力の限界に気づいていれば、多くの場合、選ばないことを選択する――しかし処理能力を軽視して苦しんでいるなら、彼らはほかの問題に注意を向けることが自分の利益になる場面であっても目の前の問題に集中し、選ぶことを選択してしまうだろう。そのかぎりにおいて、人は何かの間違いがあった場合にのみ、選ぶことを選択してしまう。実際、処理能力の軽視は、行動に関する市場の失敗とみなせるかもしれない。この問題でも、もっと多くの実験が必要である。

ここでの私の目的は、パターナリズムの正当性に関して一般的な立場をとることではなく、標準的な反論は、選ばないという判断を妨げるものも含めて、あらゆる形態のパターナリズムに向けられる、と述べることにすぎない。人間の福祉を大切にする人は、人の選択に進んで干渉しようとすることを私は力説した。彼らはリバタリアンかもしれないし、非リバタリアン的パターナリストかもしれない[36]。しかしながら福祉を理由として、選択の自由を支持する標準的な主張は、選ばないことを（自由意志で）選択する人々にも当てはまる。また自主性と尊厳の見地から、選択しないという選択がある種の自由の譲渡ならびに責任の放棄とみなされるということが適正に主張されないかぎり、このような選択を邪魔することは好ましいとは思えない。

■具体例

選択しないという選択を認めないことがパターナリズムとなるのはどういう場合だろうか。すべては選択アーキテクトがその選択を認めない理由しだいである。

第一に、選ばない人を罰する場合がある。たとえば誰に投票するか、あるいはどの健康保険プランを購入するかを選ばなければ刑罰に処せられるとしよう。ここにパターナリズムがかかわるかどうかを知るには、なぜ選択することを求められるのかを明らかにする必要がある。人が何かしらの集合行為問題に直面し、強制によって問題を解決しようとする場合には、パターナリズムはかかわらない。

たとえば、全員を共同防衛や環境問題の解決に貢献させることが目標であれば、その政府の行動はパターナリズムではない。しかし、当人の福祉という観点から選択しないのはその人にとって誤りであると公務員が考え、当人にとって最善の行動をとらせるためにその人を罰するなら、パターナリズムが関係してくる。

投票や健康保険プランの購入を強制すべきかどうか、どちらにももっともらしい主張があり、強制の狙いは集合行為問題を解決することである。投票にかかわる主張はすでに検討してきた。健康保険プランについては、加入しなければ、いかなる場合であれその人に治療が必要になったときに、代わりにほかの人が治療費を支払うことになる点が問題である。人は死ぬことを許されないのだ。この問題は強制健康保険で解決する。しかし、選択を強要するのがその人にとってよいことであるという理由だけで、あるいはそれを理由の一つとして、選択を強要される事例は容易に想像できる。少なくとも義務投票制および強制健康保険の両方を支持する人々の何人かは、まさにそう信じている。健康保険プランに関しては、人は惰性に負けて契約しないかもしれないし、あるいは非現実的楽観傾向や現在バイアスのせいで、事態が予期せず悪い方向に向かったときに自分を守ってくれるような選択をし損なう、と考えられるかもしれない(37)。

つぎに、最も興味深い問題の多くがかかわると思われる影響力の行使の話題に移る。この場合、選択者のなかには選ばないことに確実に二次的選好を示す人がおり、能動的選択はその二次的選好と干渉しあうか、もしくはそれを無効とする。選択肢を前に一部または多くの人が選択しないことを選択する状況で、それでもなお、選択アーキテクトは能動的選択を要求する。能動的選択はそれゆえにパターナリズム的なのだろうか？

この場合もやはり、答えは選択アーキテクトがなぜ能動的選択を主張するのかという理由に左右される。臓器提供にはパターナリズムは関与しない。ここでの狙いは選択者ではなく第三者を保護することである。また選択アーキテクトが環境被害を軽減するデフォルト・ルールを支持する場合も同様である。この場合、被害をこうむるのは第三者である。しかし雇用関係を結ぶ条件として、退職プランについて能動的選択をするよう頼まれる、もしくは要求されるとしよう。また、従業員となる予定の当人が同意しない（そしてデフォルト・ルールに頼ることを選好している）にもかかわらず、その人にとって能動的選択をするのがよいことだと選択アーキテクトが信じているとしよう。だとすると、能動的選択を主張する人々は、パターナリズムをほとんど避けようとしていないどころか、パターナリズムと深くかかわっているのである。

普通の市場の状況にパターナリズムがかかわっているおそれがある、などというと当惑するかもしれない。能動的に商品を選び、進んで代金を払おうとしないかぎり、また実際にそうするまで、あなたは靴も携帯電話も自動車もフィッシュサンドイッチも買っていないと指摘することが、どうしてパターナリズム的といえるのか？　よい質問だが、これを巧みな言い回しの問題ととらえるべきではない。すべては選択アーキテクチャーという特殊なシステムが生まれた根底にある理由による[38]。たしかに、自由市場と能動的選択を正当化する理由はいくつもあり、そのほとんどはパターナリズムと無関係だ。正当化の理由には効率にかかわるものもあれば、自主性にかかわるものもある。しかし能動的選択は人がある種の特徴、価値観、嗜好を確実に養う方法であるとあなたが考えているとしよう。

選択者は独立性、自立心、行為主体性と自発性の感覚を得られ、まさにそういう理由で、能動的選択のシステムは好ましいとあなたが考えているとしよう。これはパターナリズム的な正当化であろう。この見方は、選択の自由の重要性を力説する人々にとってまったく無関係ではない。ミル自身の自由の擁護においても、この見方が重要な役割を果たしている。この見解は、アルバート・ハーシュマンが印象的な言葉で概説した、初期の自由市場擁護論とも近い。ハーシュマンは自由な交易によって一種の文化が生まれ、そこでは人々が経済的利益を追求するので、宗教や人種にもとづく伝統的な社会的対立が緩和すると主張する。(39) 能動的選択を称賛する人々の一部が関心を示すのは、社会的区分の緩和ではなく、ものごとに深くかかわり、意欲的で、情報を蓄えた人々が育つことである。

能動的選択を支持する人々は、一種の卓越主義的リベラリズムを受け入れることが多いのに私は気づいた。卓越主義的リベラリズムは、人々が一定の望ましい特徴を身につけることが最善であるという理由で、政府がそのような特徴を合法的に吹き込むという発想に、具体的に現れている。(40) 能動的選択が独立性、自立心、自発性の感覚を促進するかぎりにおいて、人は選ばないことを選択するとしても、卓越主義を理由に能動的選択が選好されるかもしれない。

なるほど、自由市場を受け入れる人々がどんな種類のパターナリズムでも支持するという見方は必ずしも一般的ではない。彼らをそのように見るのは多くの場合、間違っている。なぜなら正当化の理由はほかにもあり、また人は選択したいという一次的欲求を持つことが少なくないからである。しかしながら官民の組織が、人々のためを考えて彼らに影響を及ぼしたいという理由で能動的選択を支持し、命令やデフォルト・ルールを拒絶するとしよう。私の当座の定義を思い出してほしい。人々の選択がその人の福祉を向上させることになると官民の組織が信じておらず、彼らのためを考えてその選択に影響を及ぼしたり、選択に変更を加えたりするための行動をとる場合に、パターナリズムが関係してくることを私は示唆した。人が選択したくないという二次的欲求を持ち、能動的選択がその選択を無効にする場合は、パターナリズムが関係してくるのである。

■どちらの道を行くか？

潜在的な利益にもかかわらず、能動的選択は深刻な問題を生む可能性もあるため、どんな状況でも正しい方式とはいえない。選ばないことで得をすることはよくある。その理由を理解するために、貧困研究の世界的第一人者の一人であるエスター・ダフロの言葉を考えてみよう。

われわれはきわめて厳密な意味で貧しい人々を見下す傾向がある。「彼らはなぜもっと自分の生活に責任を持たないのか？」と考えがちである。われわれは忘れているが、人は裕福であればあるほど、何もかも人に面倒を見てもらえるので、自分の生活の責任を負う必要がなくなるのだ。また貧しければそれだけ、自分の生活のすべてに責任を持たなければならない。……人が責任を負わないことを責めるのはやめて、われわれみなが手にしているぜいたくを貧しい人々にも提供する方法を考えようではないか。そのぜいたくとは、われわれのために数多くの判断がなされているということである。われわれは何もしなくても道を外れることはない。貧しい人の大半は、何もしなければ道を外れてしまうのだ(41)。

ダフロの主な主張は、裕福な人々の場合、彼らの利益になるように他者が判断を下してくれるので、幅広いことがらの責任を負う必要がないということだ。たいていはデフォルト・ルールや同等の働きを持つ仕組みによって、無数の領域で、選択が「われわれのためになされている」。このような段階は人々の福祉を向上させるだけでなく、彼らの自主性を促す。なぜなら彼らは自由になり、ほかの問題に時間を使えるようになるからである。

まともに機能している社会では、安全な飲み水や安全な空気をどうやって確保するか、あるいはそれらを確保するべきかどうかについて、人は判断する必要がない。また道路や冷蔵庫や飛行機を作るべきかどうかを判断する必要もない。連邦政府の基本構造は憲法によって定まっており、市民がその構造を考え直す機会はまずない。アルファベットは選ばれたのではなく、はじめから与えられている。政治と市場を通じて人はさまざまな判断に関与するかもしれないし、それは重要なことでもある。しかし、われわれは多くの場合、選択が他者によってなされるという事実に頼ることができ、そのような選択にわずらわされずに自分の仕事に取り組める。これは災いではなく、ありがたいことである。

■選択者にかかる負担

以上の点は、能動的選択の重大な問題を示唆している。すなわち能動的選択は選択者に大きな負担を強いることがある。状況が複雑でなじみがないと考えてみよう。選択者に情報や経験が不足しているとしよう。そうだとすると、能動的選択は不当もしくは過剰なコストをその人に強いるかもしれない。能動的選択は失望を招き、むだなお役所仕事を要求しているように見えるかもしれない。

購入時に携帯電話プランのすべての機能あるいはコンピュータのすべての初期設定を選ばなければならないとしたら、ほとんどの消費者は喜ばないだろう。デフォルトのおかげで人は多くの時間を節約できるし、こうしたデフォルトの大半は目的にかない、適切であるかもしれない。関連情報を仕入れ、何を選択するか判断することに時間を使いたがる消費者は少ない。能動的選択はデフォルト・ルールと比べて、判断のコストが場合によってかなり高くつく。

能動的選択の途中で「判断疲れ」が溜まり、潜在的により重要なほかの判断に問題が生じる可能性がある。[42] 判断疲れによって、生活に影響する中心的な問題——家族、職、健康、大切な人の幸福にかかわる仕事——に専念するのが難しくなるかもしれない。貧しくて、どうやってやりくりするかに絶えず気を配っていると、前の晩に徹夜したときに匹敵する悪影響をＩＱに及ぼすという研究結果をここで思い出してほしい。人の処理能力には限界があり、関心の薄い問題に注意を払うように強いるのは簡単ではない。というのは、そのように要求することで、乏しい認知資源（またおそらくは感情的資源）がほかの活動からそらされるからである。人が選ばないことを選択する理由の一つに、認知資源の欠乏がある。同じ理由で、能動的選択は深刻な押しつけとなりうる。

■商品やサービスの提供者への負担

くわえて、能動的選択は商品やサービスの提供者に大きな負担を強いることがある。基本的に、彼らにとってデフォルトは望ましく、重要な場合さえある。なぜなら、デフォルトは価格の上昇につながるかもしれない（したがって消費者にとっては痛手となる）コストの回避に役立つからだ。

一連のデフォルト・ルールがなく、いつも能動的選択を採用していると、能動的選択を歓迎しないかもしれない消費者や利用者に、根気よくややこしい説明をしたり、さまざまな選択肢について詳しく語ることにかなりの資源を注がなければならないかもしれない。携帯電話、自動車、ノートパソコンを売る仕事は、製品の特徴ごとに能動的選択が要求されたら、ぞっとするような体験となるかもしれない。退職プランや健康保険プランについても同じことがいえる。多くの人が経済教育に意欲的だが、その成果にはばらつきがあり、目的にかなったデフォルト・ルールのほうがましかもしれない(43)。この点を鮮やかに描き出したＳＦやコメディの小話を容易に思いつく。

■誤り

最後に、選択しないことを好む人々がおそらく何よりも強調するのは、能動的選択によって誤りが増える可能性である。能動的選択の主な目標は、選択アーキテクトの潜在的な間違いを克服することにより、人々の生活をよくすることにある。しかし、当の分野になじみがなく、かなり専門的でわかりにくい場合、能動的選択は正反対の効果をもたらすかもしれない。消費者がいくつもの専門的な質問に答えることを求められ、選択アーキテクトが自分のしていることをわかっているとしたら、たぶんデフォルトによってよりよい結果がもたらされるだろう。おそらく情報を与えられた人々から選択を引き出す実験あるいは試験的研究に頼り、そこで選択された内容を活用してデフォルトを構築するのがいちばんかもしれない。しかしながら選択アーキテクトに専門知識があり、また彼らが信頼できるなら、このやり方に価値があるかどうかは疑問である。

■簡単なまとめ

判断のコストと誤りのコストを調べる簡単な枠組みが、いつ選択することが妥当で、いつ選ばない選択をすることが妥当かを説明するのに、おおいに役に立つことが明らかになったはずだ。この枠組みは人の福祉に注目しており、完全ではない。重要な変数のいくつかは容易にとらえられないからだ(たとえば行為主体性と信用の重要度など)。とはいえこの枠組みは、選択者と選択アーキテクトの判断を同様に明らかにする。

当の分野になじみがなく、わかりにくいかぎりにおいて、デフォルト・ルールは判断のコストと誤りのコストを減らすので望ましい。しかし選択アーキテクトが無知であったり、バイアスがあったりすると、彼らは正確なデフォルト・ルールを考案するのに都合のよい場には立てず、その点で、能動的選択を支持する論拠となる。選択者の集団が多様であれば、能動的選択は誤りのコストを減らすので有利になる。仮説によって、一つのサイズをすべてに当てはめることはできない。選好と状況は時間とともに変化するという点で、能動的選択を支持するさらなる論拠となる。どんなデフォルト・ルールも時代遅れになるかもしれないからだ。学習と行為主体性の価値および嗜好や選好を開発する価値も、能動的選択を支持する論拠となるだろう――これは私の議論に一貫する全般的なテーマであり、選択しないという選択への反論でもある。

以上の検討事項を考えると、簡略な能動的選択はかなり魅力的である。この方式では、能動的選択が本質的にデフォルトとなるが、選択者はそれを拒絶できることを思い出してほしい。たとえば、組織はつぎのように告げるかもしれない。「あなたの健康保険プランを選んでほしいのですが、選びたくなければ、われわれが見てあなたの必要に合ったデフォルトを用意できます」。この方式では、場合によって判断のコストと誤りのコストが最小に抑えられるので、選択者の自主性を守るとみなすこともできる（デフォルト・ルールは独立しているので、単に固着する傾向があるというだけでは自主性は守られないかもしれない）。簡略な能動的選択がいつどんな場合にも正しい方式であることを、以上の点が示唆しているととらえるべきではない。場合によってはデフォルト・ルールのほうがましである。とはいえ多くの状況で、簡略な能動的選択は最善の方式である。

■第三者

これまでの議論を通じて、重要なのは選択者の福祉であり、能動的選択とデフォルト・ルールのいずれを選ぶかは選択者の福祉に照らして評価するのが最善であると、私は想定してきた。もちろん多くの場合に第三者の利益がかかわる。第三者の利益は異なる二つの点で分析をややこしくする。

■外部性と集合行為問題

最初の問題は外部性〔経済主体の行動が市場を通さずに第三者に影響を及ぼすこと〕にかかわる。臓器提供の例に戻ろう。選択者の福祉だけが重要ならば、能動的選択が最善の策であると選択アーキテクトは断定するかもしれない。しかしこの方式では、臓器提供を支持するデフォルト・ルールで救われるはずの何百、何千という人の命が失われるとしよう(44)。そうでなければ能動的選択を支持する主張はかなり強固なのかもしれないが、まさにこの多くの命が救われるという理由により、選択アーキテクトは臓器提供を支持するデフォルト・ルールを真剣に検討したがるかもしれない。

あるいはエネルギー供給会社の場合を考えてみよう。さまざまな人々の価値観や状況には異なる選択肢（種々のコストおよび環境へのいろいろな影響が絡む）が合うという理由で、消費者の立場からは、数ある会社のなかから選ぶ能動的選択を要求するのが最善だと仮定しよう。しかし、より自然なエネルギー源は深刻な環境被害を避けられるとする。だとしたら、自然エネルギーのデフォルトを支持する主張がほかを圧倒するかもしれない（しかしながら、分配に関する問題が関与するかもしれないことを思い出そう。貧困層がオプト・アウトせず、富裕層がオプト・アウトするとしたら、自然エネルギーのデフォルトには重大な不備がある）。

また、集合行為問題にも直面するかもしれない。きれいな空気をはじめとする公益に関して、能動的選択者は、協調問題すなわち囚人のジレンマを解決できれば得られるはずの結果よりも、はるかに劣る結果を引き起こすかもしれない。もちろん社会規範はこの問題を解決するのと同じ効果をもたらすことがある(45)。しかし、規範の効果は往々にして不十分である。その場合はデフォルト・ルールも不適当かもしれない。なぜなら人はオプト・アウトでき、その場合、少なくとも囚人のジレンマがかかわるとすると、ここでも集合行為問題が起こるからである。

外部性や集合行為問題がある場合に、少なくともそれで純便益を最大化することを示せるならば、たしかに命令や禁止令は正当化されるかもしれない。現実に外部性があり、重大であれば、一般的な市場の失敗が生じ、デフォルト・ルールをはるかに超える規制が必要となる。しかしながら外部性が必ずしも明らかでない、あるいは選択者の義務が複雑で、議論されている（臓器ドナーの例のように）、それとも命令や禁止令の使用に対して政治的障害があると考えてみよう。そうだとすると、そこにあるかもしれない外部性に対処するように設計されたデフォルト・ルールのほうが、能動的選択より好ましいだろう。集合行為問題が生じた場合にも、デフォルト・ルールが役に立つかもしれない。強制することができない場合は間違いなく役に立つ。協調問題（囚人のジレンマ）に直面しても、デフォルト・ルールは十分に目的を果たせるかもしれない。また惰性の力を考慮して、デフォルト・ルールは囚人のジレンマの問題をいくらか解決するか、もしくは少なくとも軽減するかもしれない。

■心理学、責任、選択

二つ目は、能動的選択とデフォルトのあいだの潜在的に深い心理的差異がかかわる。能動的選択は独特のシグナルを発し、選択者にもほかの人にも同様に、独特の意味を伝える。能動的選択では選択者が全面的に責任を負い、その人が意図した判断にはあいまいさがないことに気づかされる。一方、デフォルト・ルールでは、責任も意図もよりあいまいになりうる。[46] 選択者が何を欲しているかがほかの人にはわかりにくいかもしれない。というのは、その人の判断らしきもの（判断とはいえないかもしれない）の責任は惰性と不注意にあるかもしれないからである。この違いは重要である。

「選択バイアス」の現象を思い出してほしい。この言葉は、実際には選んでいない選択肢よりも、同程度に好ましい実際に選んだ選択肢に対して人が強い選好を示すことを指す。[47] すでに述べたように、人は自分が好きなものを選ぶが、自分が選んだものを好きにもなる。[48] この点は、能動的選択と受動的選択の違いを考えるときに影響を及ぼす。能動的に選択すれば、人はそこに力を注ぎ、ある意味、選択したものを（もっと）好きになり、選択が受動的にデフォルトで行われた場合には、これと同じ影響は見られない、と考える根拠となる。

健康的な行動を奨励したり、（たとえば汚染や犯罪の脅威を減らすことによって）公益を促すような行動を人々がとる可能性を高めるのが目標だと考えてみよう。こうした選択が能動的に行われるなら、人がそこに専念する可能性が生まれ、おそらくほかにもこのような判断を促すことで、その強い関心が、望ましい拡散《スピルオーバー》効果を引き起こすかもしれない。しかし、こうした選択がデフォルトで行われる場合、選択者の選好は表明されないし、影響も受けない。これらの点は能動的選択を支持する決め手とはならないかもしれないが、デフォルトの潜在的な否定的側面を示唆する。

あるいは関連する問題を取り上げよう。誰かがデフォルトで臓器ドナーにさせられたり、自身の延命のための「勇敢な措置はとらない」ことになった場合を考えてみよう。こうした状況で、責任を担う家族は、ここでの「選択」を尊重することに、この言葉をカギ括弧で囲むのとまったく同じ理由でためらうかもしれない。選択者が実際に意思を明示するよう求められるとしたら、また、そのような明示なしには判断らしきものを本人のものだとほかの人がみなさないならば、能動的選択――そして選択を要求するパターナリズム――を支持する強力な論拠となる。

これに関連する罪悪感と後悔の問題があり、この問題が能動的選択に賛成または反対する根拠となるかもしれない。家族が大切な人の延命のための勇敢な措置をとるかどうかを判断するとしよう。選択アーキテクト――政府、医療従事者、病院――がその家族に能動的選択を要求するなら、その人の責任は明らかであり、それはその人だけの責任となる。一方、何かしらのデフォルト・ルールが用意される場合、家族は無理なくデフォルトに頼る、すなわちデフォルトに任せることができ、責任を分散させながら、同時に自分の選択に影響を及ぼす一種の権限も保つことができる。家族はそのような結果をありがたいと思うかもしれない。家族は責任を負いたくないかもしれないのだ。実際、終末期の判断の場面では、デフォルト・ルールがまさにこの結果をもたらす可能性があると語られることがある。フランスでは、アメリカでの場合よりも、家族がより不安を感じることなくこのような判断を下すといわれている——一つの理由として、フランスではアメリカと比べてデフォルト・ルールがしっかりと運用されており、そのために個人の責任感が和らぐからである。

その一方で、第三者、システム全体、あるいは当事者自身を保護するためもあって、責任を全面的に選択者に課すべき状況を想像するのは簡単である。投票の事例に戻ろう。その場合、そのような責任に踏み込むという理由もあって、デフォルト・ルールは好ましくないだろう。責任感を負わせることが望ましい場面では、能動的選択がはるかに魅力的になる。

第Ⅲ部　未来

第6章　個別化

一部のデフォルト・ルールは個別化がかなり進んでいることを見てきた。このようなデフォルト・ルールは、問題となる集団内のさまざまなグループにとって、また潜在的にはそのなかの個々人にとってどの方式が最もふさわしいかについての、入手できる情報を利用する。将来的に、特定の人が過去に何を選んだかに関する大量のデータセットと情報の精度が大きく向上するに伴い、官民の組織は必然的に個別化に関してより多くの成果を生み出すようになるだろう。

■両者のよいところ

個別化した方式を、最もきめ細かいものからかなり不完全なものまで、頭のなかで並べてみることは可能である。原則として、選択アーキテクトは地球上のあらゆる人のためのデフォルト・ルールを設計することができる。あなたは自分だけのデフォルト・ルールを持ち、あなたの親友や大嫌いな人、近所に住む人もみな、それぞれのデフォルト・ルールを持つことができる。実際、誰でも、特定の状況――旅行、退職プラン、雑誌、新聞、健康保険プラン、レストランの料理、休暇、タブレット端末、携帯電話、日用品などなど――に合う、いくつものデフォルト・ルールを持つことができる。

このような発想は途方もない空想物語だと思うかもしれない。事実、二〇一三年公開のすばらしいSF映画『her／世界でひとつの彼女』は恋愛の相手にさえ、個別化したデフォルトという考えを試していた。ホアキン・フェニックス演じる主人公の男性が、サマンサという名のオペレーティング・システムと恋に落ちる。サマンサは男性の好みを知り尽くしていて、デフォルトで彼の好きなもののごとを提供する。サマンサは彼にとって理想の個別化されたパートナーのように見える。サマンサは彼が求めるものを知っており、彼が望むように自分をデザインする。なるほど、これはただの映画にすぎず、われわれがオペレーティング・システムと恋に落ちることはまずないだろう。しかし機が熟せば、官民の組織は個別化した大量のデフォルト・ルールを扱えるようになるだろうし、たとえ恋に落ちないまでも、人はそのようなシステムをおおいに気に入るかもしれない。

実のところ、技術は急速にその方向に向かっている。性格の特徴を突き止めるためにスマートフォンのデータを取得することができ（また実際にデータは取得されており）、今度は突き止めた特徴を利用して、スマートフォンのサービスを個人に合わせてカスタマイズすることができる。[1] 数多くの組織がウェブサイトの閲覧履歴を使って幅広いサービス、提案、デフォルト・オプションを個別化している。グーグル、ネットフリックス、フェイスブックはひときわ目につく少数の例にすぎない。大量のデータセット、人口統計上の特徴、過去に何を能動的に選んできたかについての情報の組み合わせにもとづいて、選択アーキテクトが個々人のためのデフォルトを構築することで、能動的選択から個別化したデフォルト・ルールへと移行することは、多くの場面で可能である。

理想の形の個別化したデフォルト・ルールは、デフォルト・ルールと能動的選択のよいところを合わせたものになると考えることができ、両方の魅力的な要素をとらえるようになるかもしれない。個別化していないデフォルト・ルールと同じように、個別化したデフォルト・ルールは判断の負担を軽減し、生活を単純にしてくれる。しかし能動的選択と同じように、結果を特定の状況に合わせ、「一つのサイズですべてに対応」方式にかかわる多くの問題を克服することで、精度が高まる。

もちろん、個別化したデフォルト・ルールという考えは重大な懸念を生む。こうしたデフォルト・ルールの一部は視野狭窄の問題を伴う。また、自主性の行使の問題を伴うこともあるし、結果との一体感と信用の問題を伴うこともある。さらに個人のプライバシーの問題を伴うこともある。これらの問題は折を見て取り上げる。だが、少なくともある状況において、このような個別化したルールの設計はおおいに役に立ち、人々の福祉を向上させ、自由度を高めるようになるだろう。個別化したデフォルト・ルールの主な利点は「大衆向け」デフォルト・ルールよりもきめ細かく、そのため役に立ちそうだという点である。技術が進化し、情報が蓄積されるにつれ、人々の選択や状況にもとづく高度に個別化したデフォルトを生み出すのはますます容易になりつつある。そのため、デフォルト・ルールを使っていくつもの方法で暮らしをよくするための有望な機会が将来、生まれるだろう。このようなデフォルト・ルールによって人生をより単純に楽しく生きられるだけでなく、もっと健康に長生きできるようになるだろう。

家族や友人らは毎日、個別化したデフォルト・ルールに相当するものを利用していることに私は気づかされる。彼らは、さまざまな領域で相手が何を好むかをわかっていることが多い。彼らはどんな場合でも能動的選択を要求しない。能動的選択は生活をややこしくし、耐えがたくする可能性すらある。機能的にデフォルト・ルールと同じ働きをするものを利用し、暗黙の権利の譲渡に従い、配偶者同士がレストランで互いの料理を注文したり、あるいは互いの服を選んだりする。もちろん彼らの選択は正確ではないかもしれない。たとえ配偶者や親友のためであっても、贈り物を選ぶときに彼らがよく失敗することをすでに見てきた。それでもなお、配偶者、パートナー、親友であることが意味するものの大部分は、個別化したデフォルトを特定できること――すなわち快適さ、喜び、楽しさをあらかじめ予測できることである。一方、知らない人や初デートの相手は個別化していないデフォルトに頼り、面倒を引き起こすことがある。

とくに技術が発達すると、マーケティングおよびマーケティング調査という重要な職種がこの手の情報を集めることになるだろう（プライバシーを守るための予防措置が必要となる）。実際、このようなマーケティングおよび調査は一般的になりつつある。選挙運動でも同様の動きが見られ、運動の影響を最も受けやすそうな人々に向けて、個別化したデフォルトに機能的に相当するものに近い仕組みをオンライン・プレゼンテーションの形で利用している。誰か、もしくは何かのプログラムが入手したあなたについての情報にもとづいているという意味で、個別化された支援依頼のメールやオンラインでの提案をあなたはすでに受け取っているかもしれない。

■両者のよいところを集めたとはいいがたい

個別化したデフォルト・ルールには長所がたくさんあるものの、プライバシーの問題は脇に置くとして、短所もある。最も明らかなのは、行為主体性と学習が妨げられることである。個別化したデフォルト・ルールは情報にもとづく選好の形成を促進しないどころか、邪魔することさえある。健康保険プランの例に戻ろう。人は特定の必要に合ったプランにデフォルトで加入させられ、拒否できないかもしれない――だがそうだとすると、長期的には学習が重要だと判明するかもしれないのに、人々はその学習の機会を奪われる。健康保険プランおよび自分の健康管理に関する必要事項についてもっとよく知るには、おそらく能動的選択を要求するのがいちばんである。個別化したデフォルト・ルールでさえ、能動的選択から得られる種類の〔結果との〕一体感は提供できない。

あるいは本や音楽についても考えてみよう。過去の選択にもとづいて、あなたの好きなものを反映するデフォルトを勧めたり、提案することさえ可能であり、実際のところそれはたやすいことをすでに見てきた。あなたが以前に特定のミステリー作家あるいはSF作家の作品を気に入ったなら、それと同列のほかの作家の作品を気に入る可能性は高い。以前に特定のシンガー・ソングライターの曲が気に入ったなら、企業はあなたが好きそうなほかのシンガー・ソングライターを特定することができる。これが、「パンドラ」というウェブサイトの魔法の仕組みである。

しかしながら、人の選好は、とくに学習の機会がある場合、時とともに変化し、現在の「お気に入り」を反映しただけの選択肢をデフォルトで示された場合は、このような学習が行われないことも見てきた。制御アーキテクチャーとセレンディピティ・アーキテクチャーの違いを思い出してほしい。制御アーキテクチャーでは、あなたは自分が見たり聞いたりするものを制御できる。あなたが自分で選択し、システムがその選択を反映する。セレンディピティ・アーキテクチャーでは、人生は意外性に満ちている。あなたは見聞きするものを制御できない。大都市には偶然の出会い（セレンディピティ）があふれている。事前に選ばなくても、人、建物、店、製品、芸術といったものと出会う。なかには耳障り（目障り）なものもあり、不愉快だと思うことさえあるかもしれないが、それらはあなたの一日だけでなく人生さえ変えるかもしれない。

パンドラは制御アーキテクチャーを反映する。個別化したデフォルト・ルール全般もまったく同様である。こうしたルールが提供されれば、本質的にセレンディピティに別れを告げることになる（個別化したデフォルト・ルールが意外性の余地を作らないかぎり）。しかしながら、人は過去の選択をまったく反映しない活動や製品と出会うことで学んだり成長したりするので、セレンディピティはいくつもの領域で優れた価値を持つ。要するに問題は、デフォルトが過去の選択にもとづいて選定される場合、個人の成長が妨げられるかもしれないことである。あなたの体験が過去の選択にぴったり合わせて作られている場合、あなたのデフォルトは個別化されていて、それはとても便利だが、新しい嗜好、選好、価値観を養う余地はぐっと少なくなるだろう。

コミュニケーション全般に関していえば、多くの人が制御アーキテクチャーに関連するリスクへの懸念を表明してきた。そこでは人が一種の「デイリー・ミー」〔日刊・私、つまり自分のための新聞〕を作成する。それはすべて自分で選択した情報の世界である[2]。たとえば、自分が見たいものを見て、聞きたいものを聞き、ほかはすべて排除できる完璧なフィルターを利用できると想像してみよう。外交問題に関心がなければ、読む物を国内の話題だけに制限できる。特定の政治的意見を好むならば、そうした意見を語る人の話しか読まないように自分で制限することができる。スポーツの話題に専念したければ、それだけに注意を向けることができる。誰もが自分の好みに合わせた「デイリー・ミー」を考案できる。バリエーションの一つとして、一つもしくはわずかな選択をして、その後は自分の選好と価値観に合う情報をデフォルトで受け取るということもできる。いろいろな意味でこれはすばらしい恩恵となるだろうし、人々は明らかにこの方式を気に入っているので、多くの市民の実体験がこの方向に向かっているように見える。

以上は人がいかにして自分で情報を選別できるかについての要点を示している。だが、製品やサービスを売る側も情報を選別できる。彼らはあなたのことを熟知するようになるにつれて、ますます正確に選別できるようになり、それに応じてあなたにデフォルトを提供し、「デイリー・ユー」を開発していく(3)。実のところ、個別化したデフォルト・ルールは、ある意味、一種の「デイリー・ユー」である。売り手があなたの過去の選択を知ったとしたら、パンドラに似たやり方で、あなたが見たり、聞いたり、所有したいと思うようなものを提供できるだろう。この方式では、売り手の選択は、あなたの過去の選択からの予測にもとづいて行われる。あなたが特定の種類の靴を気に入ったなら、別の似た種類の靴もたぶん気に入り、また特定の靴下やシャツ、音楽、さらには特定の選挙の候補者も気に入るだろうとわかるのかもしれない。この方式もおおいに役に立つかもしれない。しかしそれが一種の視野狭窄を確実にもたらし、視野を広げる可能性が小さくなるかぎりにおいて、これは重大なマイナス面となる。

　文化と政治がかかわる範囲で、自分がすでに賛同した意見や考えとだけ出会う、個別化した「共鳴室《エコーチャンバー》」は、個人と社会の両方に害を及ぼすおそれがある。(4) 個人に対する害は学習機会の欠如から生じる。視野が狭くなると、人の成長は妨げられることがある。社会的な害は、自分が賛同する相手、あるいは少なくとも共感できる相手の意見だけを聞くことを主な理由として、人々が互いに分断されることによる潜在的な断絶から生じる。個人および社会的な観点から、セレンディピティ・アーキテクチャーは制御アーキテクチャーよりもかなり有利である。というのは、セレンディピティ・アーキテクチャーでは、明確に選択していないあらゆる種類のものごとと確実に出会えるからである。人々がそれらのものごとを「デイリー・ミー」に入れようとしなくても、また誰もそれを自分の「デイリー・ユー」に入れようとしなくても、それは人々の視野を広げ、生活を変える可能性がある。すると、少なくとも一部の領域では個別化したデフォルトに重大な問題が生じる。

　これに関して、まぎれもなく極端な例だが、個別化したデフォルトによる投票を利用した政治制度に話を戻そう。この制度では、以前の投票にもとづいて提案される候補者や党にデフォルトで自動的に投票させる（もちろんオプト・アウトできる）。このような制度では、投票者は意外な選好もしくは正反対の選好を表明したいと望まないかぎり、過去に投票した対象にいつも投票するものとみなされ、やがて投票所に足を運ぶ必要さえなくなるだろう。あなたが四年前、八年前、あるいは一二年前に民主党の候補に投票したとすると、少なくともオプト・アウトしないかぎり一生、気づいたら民主党の候補に投票していた、ということになるだろう――あなたが個々の選挙でそうしたいと明確に判断したからではなく、それがあなた個人のデフォルトだからである。実のところデータ・マイニング・システムを構築して、あなたがどう投票するか、あるいは全員がどう投票するかをかなりの精度で特定できるアルゴリズムを生成し、投票する必要をなくすのは簡単だろう。原理上は、人に代わってアルゴリズムが投票できるようになるかもしれない。

デフォルト投票のシステムは常軌を逸していて恐ろしいと思うかもしれないが、まったく論理性を欠いているわけではない。すでに述べたように、これはほかでもない投票者自身の負担と投票のコストを確実に減らすことになる。システムが投票者の選好を表明すると約束されて、投票所に出かけなくてもよくなる。ある意味、（投票者が投票所に出向くかぎり）結局は投票者が党の方針に忠実に従って投票できる現行のシステムとたいして違わないだろう。

しかしながら、われわれはこの手のデフォルト投票システムの（破壊的な）問題にも気づいている。それは投票の内在道徳とでも呼べるものとかかわりがある。投票という行為は、投票者が考え、参加し、特定の候補者のなかから選択するという、投票者が関与する能動的選択を代表するものとみなされる。もちろん、これはあくまで理想であり、すべての人にとって現実にはほど遠い。投票者が投票にかかわりたくない、投票したくない、あるいはあまり考えずに投票したいと望むなら、もちろんそうして構わないし、簡単な手掛かりに頼ることもできる（所属政党に投票するなど）。とはいえ理想は重要である。デフォルト投票では、能動的な関与の度合いはたしかに減り、自動性が一種の規範となるかもしれない。こういう理由で、デフォルト投票は受け入れられない。

ほかのたいていの状況では、これに相当する内在道徳は見られないが、能動的選択は個人にとっても社会にとっても善である。というのは長期にわたる学習を促し、それによって情報にもとづいた、幅の広い、そしておそらく新しい選好、嗜好、価値観の育成を促進するからである。そのような場合は例外なく、デフォルト・ルールに対する一般的な反論は、デフォルト・ルールが個別化されているという理由だけで弱まることはない。いくつかの点で、こうした反論はいっそう強まることすらある。

■一体感、動機、楽しみ

個別化したデフォルト・ルールにはほかにも短所がある。人はデフォルトにとどまる傾向があり、デフォルトが個別化していてもいなくてもその傾向があることをわれわれは見てきた。デフォルトにとどまることで、つくづく後悔することがある。この説は実験で裏づけられている。退職プランの場合、受動的にデフォルトにとどまる人は、能動的に選択する人よりも後悔しやすい(5)。その後悔が薄れる可能性があるなら、それは少なくとも能動的選択に賛成する控え目な主張となる。

もっと重要な論点が続く。受動的選択では、当然ながら、人が結果に対して感じる一体感は薄れる。そういう理由もあって、高度に個別化されたものも含めてデフォルト・ルールというものは、好ましい行動を駆り立てるような、能動的選択の結果生まれるだろう動機を生まないかもしれない。高度に個別化したデフォルト・ルールを使った場合でさえ本人の選択とはみなされないという意味で、人が能動的選択をしたとき、その結果は確実に選択者本人のものである。このことは行動に影響するだろう。

選択アーキテクトが健康的な行動を奨励しようとすると考えてみよう。毎日の生活で、食べ物の選択はしばしば自動的になされ、常識の範囲内で人は目の前にあるものをなんでも食べる傾向がある。

選択アーキテクトはこのことに気づいて、人の健康を気遣い、ある種のデフォルト・ルールに似た仕組みを利用するかもしれない――たとえば肥満対策として、料理の盛りつけの量を減らし、健康によい食品が手に入りやすいように協力してもらうのだ。このやり方は効果があるかもしれず、これについては語るべきことがたくさんある。これも人それぞれの状況に合わせて設計されるという意味で、個別化されるかもしれない。しかしながら、自己監視の強化や人の内発的動機の強化といった、能動的選択に特有の利益はもたらさないかもしれない。自分の健康増進に積極的にかかわらせることを目指すなら、また積極的なかかわりがその人の生活にカスケード効果〔ある出来事がつぎつぎに影響を与え、大きな効果をもたらすこと〕を及ぼすならば、能動的選択は好ましいだろう。

この点に関して、デフォルト・ルールのうち個別化したものが個別化していないものよりもましなのは確かであり、このことは重要である。少なくともデフォルトが選好や願望についての無理のない判断、もしくは正確な判断にもとづいているとしたら、個別化したデフォルト・ルールはその人のある種の行為主体性を反映するものと理解されるかもしれない。しかし、個別化したデフォルト・ルールは実際の選択の成果ではないので、まぎれもなく自分の選択である場合よりも、結果との一体感が湧く可能性は小さい。

個別化していないデフォルト・ルールに劣らず、個別化したデフォルト・ルールにもそれ特有の反論がある。すなわち、一部の人は選択肢をいくつも与えられて、そのリストから自分で選択できるような状況を積極的に支持する。人が選択することを好むときはつねに、それは能動的選択に賛成する論拠およびあらゆる種類のデフォルト・ルールに反対する論拠となる。たとえデフォルトがあろうと、選択したければ選択できるからそうすればいいという答えは筋が通っており、間違いではない。しかしながらさまざまな状況に置かれた多くの人々にとって、選択肢のリストを示されて好みを聞かれるほうが、デフォルトを示されて、そこから離れたいかどうか聞かれるよりも好ましい。

また、尊厳、行為主体性、自己管理の問題もある。これらの点に関して、個別化したデフォルト・ルールは能動的選択より劣るかもしれない。とくに利害関係が大きい場合は、たとえデフォルト・ルールが自分の状況によく合っているとしてもそれに頼らずに自分で選択するのが最善かもしれない。結婚後の名字の選択については、このような主旨の有力な主張があり、その点で、こうした選択はほかに例がないわけではない。人の生活を特徴づける、私的な側面が判断にかかわる場合、個別化したデフォルト・ルールは行為主体の権限を実際は行使しないため、安易すぎるのかもしれない。

■抽象例と具体例

以上のさまざまな要点――視野狭窄、後悔、選択した結果との一体感、選択という体験の評価、行為主体性――は一部の状況では有効だが、そのほかの状況では有効ではない。これらの要点を個別化したデフォルト・ルールに反対する決め手ととらえるべきではない。個別化の助けを借りて生み出されれた、コミュニケーションが限られた世界を心配するのは当然である。しかし退職プラン、健康保険プラン、旅行プラン、あるいはクレジットカードのプランに関して、高度に個別化されたデフォルトについて誰もがおおいに心配するべきかどうかについては、なおさら明白ではない。以上のいずれの場合においても学習は重要かもしれないし、重要でないかもしれないが、個別化（正確であるかぎり）は個人や社会に害を及ぼしたり、行為主体性や尊厳を重大な危険にさらしたりするおそれはなさそうである。

より一般的には、個別化したデフォルト・ルールには、実際にコストが発生しても、コストを小さく見せるという恩恵があるかもしれない。このようなデフォルトは、実際に選択する場合の長所のすべてでなくとも、その多くを備えており、同時に、個別化していないデフォルトにかかわる問題の大半を克服できる見込みがある。なかでも、個別化したデフォルト・ルールは人々の不均一性の問題に対処することができ、能動的選択にかかわる負担とコストを強いることなく、正確に選好を反映させることができる。[6] 反論に説得力があるかどうかを知るには、個別化したデフォルトに対して一般的な不信の態度をとるのではなく、この特定の状況を調べる必要がある。

■履歴と推定

個別化したデフォルトは人々の過去の選択や「その人に似た」別の人の過去の選択にもとづいて設定されるかもしれない。たとえばアマゾンについて考えてみよう。アマゾンは顧客の過去の選択にもとづいてその人にお勧め情報を提供する。顧客がある著者の本を気に入ったなら、たぶんその著者に似た別の著者の本も気に入ることを、アマゾンは知っている。アマゾンは厳密にはデフォルト・ルールを作成するわけではないが、個別化された知識にもとづいて、見やすく、よく目立つ選択肢を作成する。もちろん、このような選択肢の提示は助言に近いもので、顧客が行動しないかぎり何も購入できないので、実質的にはデフォルトではない。しかしこれと同じ技術を使って、さまざまなタイプのデフォルトを作成するのは簡単であろう。

スミスについて十分な情報が得られたら、選択アーキテクトは健康保険プラン、プライバシー保護、レンタカーの契約、コンピュータの設定などに関して、スミスのためのデフォルト・ルールを設計できる。旅行などの一部のサービスで、個別化したデフォルトは当然になり、珍しくなくなっている。顧客が飛行機でどの席に座りたいか、いつ旅行したいか、どの航空会社が好きか、支払いはどうしたいかをウェブサイトが知ったなら、この情報を使って結果を生成することができる（顧客はそれを変更できる）。フォームの「自動入力」およびウェブサイトの個別化は大幅に時間を節約できるだろうし、それにはデフォルトがかかわる。

個別化したデフォルト・ルールは、時間とともに変化することがあるという意味で、ダイナミックにもなりうる。原則的に、個別化したデフォルト・ルールは新しい情報をただちに取り込める。ある年に特定の人にとって最適だったデフォルト・ルールや設定が、翌年にはかなり変わるかもしれない。年齢は重要である。実のところデフォルト・ルールは毎日、ことによると毎時間変わる可能性がある。官民の組織が手にする個々人の情報が増えるにつれて、この計画の実現可能性はますます高まっている。複数のウェブサイトがすでにこの方向に動いており、利用者の過去の選択にもとづいて、その人のためのデフォルトを提供している。一般に、こうしたデフォルトは生活をより単純に、より便利にしてくれる。

ここで多種多様な可能性を想像できる。場合によって、個別化したデフォルトは、その人の過去の選択をそのままベースにして作成されるかもしれない。旅行の場面に話を戻そう。あなたが過去にある選択をしたとすると、将来もデフォルトで同じものを選択させられる。また別の場合には、過去の選択からある程度、推定した内容がデフォルトに含まれるかもしれない。選択アーキテクトは、健康保険の領域でプライバシーに関して人が特定の選択をした場合、ほかの領域でもプライバシーに関して特定の選択をする可能性があると考えるかもしれない。人がある状況でプライバシー保護を好むなら、別の状況でもプライバシー保護を好むかもしれない。特定の消費者が特定の製品を好むなら、その人はほかの特定の製品も好むだろう、というよく知られた見解について考えてみてほしい。十分なデータが利用できるなら、個別化したデフォルト・ルールはこのように生成できるかもしれない。

■情報の入手とプライバシー

実現可能性　個別化したデフォルトに関して、課題の一つに実現可能性がかかわる。デフォルトを個別化するには、選択アーキテクトは関連する情報を入手しなければならない。状況によって、そのような情報を入手するのに基本的にコストはかからない。人はウェブサイトで繰り返し選択しており、人が普段何を選択するかを選択アーキテクトが知ったら、その普段の選択をデフォルトにすることができる。旅行の好みの例に戻るといい。あるいは本を購入する際の配送方法と使用するクレジットカードについて考えてもいいだろう。

しかしこういったケース以外では、少なくとも最初のうちはこのような履歴がなく、関連する情報を入手するのにコストがかかったり、入手が不可能なこともある。新しいコンピュータを購入するなら、コンピュータの適切なプライバシー設定が問題となる。選択アーキテクトに必要な情報が不足しているかもしれない。個別化したデフォルト・ルールは実現できないかもしれない。ことによると選択アーキテクトは大量のデータセット、とくに「あなたに似た人が何を」選択したかについての情報に頼ることができるかもしれない。とすると問題は、それで十分に正確なデフォルトを作成できるかどうかである。一種の簡略な能動的選択が最善の解決策かもしれないということになる。

プライバシー 個別化が実現可能だとしても、さらなる課題がある。デフォルトが人々の過去の選択にもとづくとしたら、プライバシーについて深刻な懸念が生じるかもしれない。推定では、選択アーキテクトは人々の過去の選択を特定し、それに頼っているが、一部の選択者はその事実をあまり喜ばないだろう。（たとえば）くだらないロマンス小説を好む傾向があることを他人に知られたら、その人は反発するかもしれない——また、そのような傾向を理由にロマンス小説ファンが好む幅広い選択肢をデフォルトで示されていると知ったら、ことさら不愉快になるかもしれない。

ここでは以下を区別しなければならない。第一に、ある選択アーキテクト——関連するプログラムやウェブサイトを運営する人——は、顧客の過去の選択についてただ知っているだけかもしれない。顧客が彼らのサイトを訪れたり、そこから商品を買ったりすれば、そういった情報を知られることは避けられないと思われる（ただしデータの保持の問題はあるかもしれない）(7)。第二に、そうではなく商取引の結果（あるいは単に閲覧の結果）、そのような情報を得ている選択アーキテクトは、無関係の人々や業者に顧客の選択について明かすという、その先の行動をとるかもしれない。一つの見方として、このような情報の提示は有益な相互作用を促すので、熱心に歓迎するべきである。企業はあなたが気に入りそうな商品やサービスを提供できるようになるのだ。しかしこの手の情報の共有や提示に反対する選択者が多いであろうことは、容易に想像できる。顧客はおそらく自分が購入したものや閲覧履歴をほかの業者（あるいは商業界）に明かされることを望まないだろう。顧客が反対するなら、こうした情報の共有は許されるべきではないし、そのようなことは起こらないと保証してもらうべきである。問題は、情報共有の禁止によって個別化したデフォルトの生成が難しくなることである。

プライバシーの問題には可能性を秘めた解決策がある。プライバシーが本当に重要であれば、選択アーキテクトはプライバシーそのものに関して（1）能動的選択または（2）個別化したデフォルト・ルールのいずれかを採用するかもしれない。おそらく選択アーキテクトはジョーンズに、プライバシーに関する選好を率直に尋ねるべきである。ジョーンズがプライバシーの保護を望んでいることを知ったなら、プライバシーを保護するデフォルトを提供するべきである。それとも、ジョーンズはプライバシーに関して慎重で、何かしら心配がある場合には、ジョーンズの行動や選択について他者に知られることは望まないと、選択アーキテクトはすでに知っているかもしれない。だとしたら、その知識を利用して、ジョーンズのためにプライバシーを保護するデフォルト・ルールを作成できる。

懸念がある場合には、本人がそうしたいという意思を明示しないかぎり、本当に重要なプライバシーの権利を諦めなくてもよいように、能動的選択が選ばれるかもしれない。プライバシーに関しては、集団内の不均一性が大きく、また選択アーキテクトの側で利己的な判断を下すリスクもある。以上のいずれも、能動的選択を支持する論拠となる。

人口統計　プライバシーの領域ほど大がかりではないものの、個別化したデフォルト・ルールは地理的変数や人口統計学的変数などの、集団の特徴にもとづいて作成できるかもしれない。たとえば、退職プランのためのデフォルト・ルールを決定するのに、年齢と収入を活用できる可能性がある。実のところ、この方式はすでに普通に実施されている。たとえば大学では一般に、教員に適していると思われるプランに彼らをデフォルトで加入させている（もちろんオプト・アウトは簡単である）。六〇歳以上の従業員に関するデフォルトの割り当ては、四〇歳以下の従業員の場合とは変えるべきである。所得が多い人のデフォルトは、所得が少ない人とは異なるかもしれない。一般にデフォルト・ルールは「あなたのような人」にとって何が最適かを追跡することになる。

退職プランでは、多様性（とくに年齢に関して）を尊重するデフォルト・ルールは実現可能であり、そうすることでデフォルト・プランへの加入の見込みが六〇パーセントも増える可能性があることを示す証拠がある。[8] デフォルト・ルールは関係者に莫大な利益をもたらすこともある。[9] ライフ・サイクル・ファンドおよびライフ・ステージ・ファンドはまさに利益をもたらしており、ますます普及している。健康保険、クレジットカード、携帯電話、住宅ローン、その他さまざまな場面で、同様の方式を容易に想像することができる。もちろん、差別禁止の原則に触れる場合、特定の人口統計学的変数――人種、宗教、性別など――を利用することには制約があるかもしれない。

全般的な論点は意味があいまいであってはならない。デフォルト・ルールに反対し、能動的選択を支持する最も有力な論拠の多くは、デフォルトに潜在する不正確さを力説する。仮に選択アーキテクトが失敗すれば実害が生じる可能性があるが、たとえデフォルト・ルールが不完全になりがちだからという理由にすぎなくても、能動的選択であれば選択者が失敗する可能性は低いかもしれない。この問題は、個別化したデフォルト・ルールでかなり解決する可能性がある。個々人への対応は、いろいろな意味で、デフォルトで人をより自由にする。個別化したデフォルト・ルールはけっして両方の世界のよいところばかりではない。状況によっては、学習と行為主体性を促す能動的選択が最善である。しかし、個別化したデフォルトは判断のコストと同時に誤りのコストも削減するので、大変魅力的である。これが今後の動向となり、純然たる恩恵とはいえないとしても、おおむねにおいてこれは朗報である。

第7章　デフォルトであなたのもの？——予測可能な買い物

自由市場では、商品やサービスを選ばなければそれらは通常手に入らない。この領域では、能動的選択がルールである。だが正確なところ、それはなぜなのか？　なぜ能動的選択が求められるのか？　わかりきった答えの概要はつぎの通りである。商品やサービスを欲しいと実際に口にしないかぎり、人が何をいつ欲しがっているかわからないからだ。たぶん計画立案者は必要な知識を得られないだろう。

この点で、能動的選択およびそれによってもたらされる自由は、エラー、すなわち人が何を求めているかについての間違った判断に対する不可欠な予防策となる。たとえば書店が、特定の消費者は特定の本を欲しいらしいと仮定して、デフォルトでその本を買わせれば（オプト・アウトはできる）、顧客は欲しくもない本を買わされることになるという不当なリスクが生じるだろう。なるほど、能動的選択では人は判断しなければならないし、それにはコストと負担がかかる可能性はあるが、普通の市場で能動的選択を要求することで、判断のコストと誤りのコストの合計は最小限に抑えられる。「誰か［引用者注：計画立案者］が何を知っているかをほとんど、われわれがどうしようもないほど知らない、という自覚は、自由を支持する論拠の主な基盤である」とするハイエクの注目すべき提案を思い出してほしい。計画立案者は当然ながら無知であり、だからこそ自由を支持しなければならないのである。

■データ化されたあなた

以上の主張を試すために、先ほど示唆した思考実験〔頭のなかで想像するだけの実験〕を考えてみよう。この実験では、売り手は、完璧か完璧に近い確信をもって、人が何を買いたがるかを知っている。過去の選択についての情報を含む大量のデータセットが、その水準の精度を保証するとしよう。書店は買い手本人さえ気づかないうちに、このようなデータにもとづいて確信をもって、もしくはそれに近い状態で、その人が何を買おうとしているかを知るとしよう。そうだとすると、少なくとも福祉を促進しようとするなら、結論は明らかに思える。買い手にはデフォルトで買い物をさせるべきである。もちろん、お金を無駄使いするおそれがあるが、だとすると、そのリスクは関連するデータセットによって考慮されるべきであり、そのデータセットは、顧客が望むタイプの支出制限を課せるようにするべきである。

以上の想定のもとに、「自由を支持する主な主張」には十分な答えが示されている。大量のデータの助けを借りることで、デフォルト方式は判断のコストを削減（場合によっては排除）し、推定によって誤りのコストをゼロ、もしくはほぼゼロにする。思考実験のもとでは、人はまさしく欲しいものを手に入れる。一種の「予測ショッピング」につながるこのようなデフォルトは自主性の点から容認できないと反論したくなるが、この誘惑には抵抗しなければならない。私が述べているのは、個人または組織が、人が何を欲しているかを完璧か完璧に近い確信をもって知ることができる事例である。自主性が重要だとしても、それほど重大な問題があるのだろうか？　このような場合はデフォルトで申し分なく事足りるので、賢明な人は選ばないことを選択するかもしれない。デフォルトは商品を手に入れるための不愉快な手順、不必要な手順、あるいは面倒な手順を要求することなく、欲しいものを与えてくれる。

これは思考実験だが、もちろん市場は急速にこのような方向に向かっている。どんな説明もたちまち古びるだろうが、いくつか実例を考えてみよう。ウォルマートは一種の予測ショッピング機能を備えたモバイルアプリを採用した(1)。このアプリケーションは特定の顧客が普段何を買うかを分析し、その結果を利用して、顧客がアプリケーションを開いたときに表示されるリストを作成する。顧客が何を好み、何を必要とするかを予測することを目指している。ウォルマートの役員はこう語っている。「最高の買い物リストとは、あなたが作成しなくてもよいリストです。われわれはそのようなリストを作ろうとしているのです」。この役員の考えでは「小売りの未来は小売りの歴史、すなわちスマートフォンを通じて提供される全顧客のための個別化したインタラクティブ（双方向）な体験の歴史（すなわち履歴）にある」ということだ。

アマゾンの定期購入サービスによって、あなたは洗濯用品、シリアル食品、赤ちゃん用品、ペット用品、ビタミン剤、石鹸、シャンプー、お菓子、その他多くの商品の定期配送を利用できる。もちろん登録する必要はあるし、何をいつ配送してもらうか判断するのはあなただ。しかし考え方は同じである。そして大勢の人が登録している。

同じ路線で、イスラエルの新興企業フレッシュハブは「買い物の段取りをごく簡単にして、あなたの好きな食品がキッチンにいつでもそろっているようにします」という。[2] 基本的に、過去の購入履歴にもとづいていくつかのデフォルトを作成し、食品を選択する手間を省くことを目指している。ほかにも多くの企業が関連するサービスを提供している。トランク・クラブでは男性客が登録制でスタイリストと面会でき、その人のスタイルや体型の情報をもとに、顧客に合わせた服を選んで郵送してくれる（定期的にではなく、依頼に応じて）。スティッチ・フィックスは女性の衣料品で同様のサービスを提供する――ただしスタイルの相談は有料だ。今後、この手のサービスは増えるだろう。

■調査

予測ショッピングへの反応を調べるために、私は多くの調査を行った。まずハーバード大学の学生約七〇人（法学、経営、公共政策専攻）につぎの質問をした。

あなたがよく利用するネット書店が、何年にもわたりあなたの好みについての膨大な情報を集めたとします。この書店はあなた自身が気づくより前に、あなたが何を欲しがるかがわかると考えています。書店は「デフォルトでの購入」を採用することになり、書店の知識にもとづいてあなたが買うであろう本を送りつけ、代金をあなたに請求するとしたら（ただしその本が欲しくなければ返送できます）、あなたはそれを認めますか、それとも認めませんか？（関連するアルゴリズムの信頼性はかなり高いものの――的中率は九九パーセント以上――、まったく誤りがないわけではありません）。

八四パーセントもの人が認めないと答えた。おそらく書店が顧客の同意を得ずに、自動的にプログラムに加入させることに反発したのだろう。別の調査で、このようなプログラムに自発的に登録するかどうかを同じ学生に聞いてみた。その場合、大多数――七〇パーセント――がやはり拒否すると答えた。もちろん八四パーセントと七〇パーセントの差は大きい。この差は予測ショッピングについて登録する機会を与えられれば、自動的に加入させられる場合よりも前向きに反応することを示唆している。自発的に登録する人が三〇パーセントという数字はけっして小さくない。企業が大規模な集団の三割を説得して、予測アルゴリズムを通じて本を受け取るプログラムに登録させることができれば、業績はかなりよくなるだろう。しかし自発的な登録を採用しても、加入率は五割以下にとどまる。

アマゾン・メカニカル・タークで募った別の参加者でも、おおむね似た結果が出た。五〇人中八六パーセントがデフォルトでの購入を拒否、八四パーセントが登録を拒否すると答えた。

私は、米国の人口構成を代表する五〇〇人の回答者のサンプルで、同じ調査をより正式に実施した（誤差率±四・五パーセント）。質問は先ほど報告した調査のものと似ているが、わかりやすくするためにいくつか変更を加えた。つぎの通りである。

よく利用するネット書店が、何年にもわたりあなたの好みについての膨大な情報を集めたとします。この書店は新しいアルゴリズムにもとづいて、あなた自身が気づくより前に、あなたが何を欲しがるかがわかると考えています。関連するアルゴリズムの信頼性はかなり高いものとみなしてください——顧客が実際に買いたいと思う本を選んで送ってくれるという意味で、的中率は九九パーセント以上。

つぎは最初の質問である。

書店の知識にもとづいてあなたが買うであろう本を書店が送りつけ、クレジットカードに代金を請求するプログラムに加入することを選びますか？（本が欲しくなければ、返送して全額払い戻してもらうことができ、またこのプログラムにこれ以上とどまることを望まないとして、いつでも脱退できるとします。）

四一パーセントの人が「はい」と答え、五九パーセントが「いいえ」と答えた。この結果は二つの理由で注目に値する。第一に、ほとんどの人は自分のことは自分で選択したいと思っており、加入を拒否する（先の調査の場合と同じだ）。しかし四一パーセントは登録する（先の調査結果よりかなり高い数字である）。これは注目すべき結果であり、おそらく未来の予兆である。米国の人口構成を代表する回答者の五分の二以上が、このようなプログラムに喜んで加入すると答えたのだ。

二つ目の質問で自動登録について聞いてみた。

あなたがはっきりと同意しなくても、書店の知識にもとづいてあなたが買うであろう本を書店が送りつけ、クレジットカードに代金を請求するプログラムにあなたを自動的に加入させるとしたら、認めますか、それとも認めませんか？（本が欲しくなければ、返送して全額払い戻してもらうことができ、またこのプログラムにこれ以上とどまることを望まないとして、いつでも脱退できるとします。）

二九パーセントが認めると答え、七一パーセントが認めないと答えた。この差は最初の質問よりも統計的に有意である。この結果は、顧客の明確な同意なしに書店が顧客を加入させる状況をよしとするよりも、顧客が自動購入のシステムに自ら登録する可能性のほうが高いという見方を裏づける。とはいえ二九パーセント――ほぼ三分の一――が認めるという結果は注目に値する。

なぜか？

以上の結果は少し不可解だ。というのは一見したところ、予測ショッピング、およびその結果生成されるデフォルトの最大の問題は精度にかかわるものだからである――しかも質問では高い精度を約束した。とすると、この調査結果をどう説明すればよいのだろうか？

不信感　一つの可能性として、参加者がプログラムの条件を信じていないことが考えられる。もちろん現実の世界では、関連するアルゴリズムを採用する人々が利己的になる危険はある。彼らは商品を売りたいので、顧客に購買意欲が乏しいか、意欲がまったく湧かない場合でさえ、そのような欲求を想定するかもしれない。

たしかに、競争市場はこの手の誤りを律し、顧客は欲しくない商品を返品できることになっている――ところが惰性の力のせいで、わざわざ返品しようとせず、欲しくもない商品をとっておく人が多い(3)。人がデフォルト購入や予測ショッピングの発想を拒否するのは売り手の動機を信用しておらず、企業が惰性から利益を得るのを許すべきではないと考えるためかもしれない。

利益となる商品探し、コストとなる商品探し　調査結果に対するもう一つの説明は、本を買うという独特の状況では、たくさんの人が選択肢を調べ、新刊を見つけ、どんな新作が出たかを確かめ、ページを繰り、それに応じて本を選ぶという機会を実際に楽しんでいるから、というものだ。商品探しはコストではなく利益なのだ。とすると、本の自動購入はそれほどすばらしいものではない。それは多くの楽しみを排除する。授業に必要な本を買うために、重い足取りで書店に向かう大学生の場合と比べてみよう。このような学生なら、寮の部屋に魔法のごとく本が届けば、悲しまずに喜ぶだろう。特定の本を買うことが義務であれば、わざわざ出かけていってその本を買う作業は利益にならない。

あるいはタクシーを呼ぶプロセスを考えてみよう。なんらかのアルゴリズムが、あなたがいつタクシーを使いたいかを正確に知り、まさに必要なときにタクシーが来ると確約してくれるなら、自動的にタクシーが到着するシステムはかなり魅力的だ。唯一の問題はアルゴリズムの精度だろう。本当に使えるとしたら、その恩恵にあずかりたいと思わない人はいないだろう。タクシーを探したり、呼んだりする作業には、面白い小説の新作を探すような楽しさはない。

予測ショッピングや自動購入の魅力は、商品探しがコストか利益かに左右されることがあるというのが、ここでの一般的な教訓である。もちろん本だけが特別なのではない。多くの人にとって、理想的な休暇、ホテル、テニスのラケット、スーツ、シャツ、ドレス、あるいはパートナーや配偶者を見つけようとするのは楽しみである。そうであるかぎり、自動化によって価値ある活動が排除されてしまう。似た例を挙げよう。行動に関するいくつかの研究で、人は格別に体験を楽しむこと、また主観的な幸福感を高めるようなお金の使い方をしたければ、商品ではなく休暇を買うことが判明している。(4) 一部の領域では、選択すること自体が体験であり、人はその体験を好む。そのような人にとってみれば、デフォルト・ルールは大きな間違いであろう。

選好の変化　予測ショッピングには、人の選好は時とともに変化するという別の問題もある。本や休暇や衣料品に関してはたしかにそうだ。今月欲しいものと、予測によって割り出す来月あるいは一年後に欲しくなるであろうものはかなり違うかもしれない。六月にはスティーブン・キングの小説を気に入ったとしても、一月にはほとんど興味がなくなっているかもしれない。予測ショッピングのアルゴリズムはこうした変化をうまくとらえられないだろう。購入が自動的に行われるなら、選好の変化は表に現われてさえこないだろう。というのは、購入が能動的に行われないので、そういった変化が伝わらないからだ。アルゴリズムが並はずれて優秀だとしても、過去から推論しなければならず、過去に好きだったものを将来好きでなくなるとしたら、あるいは過去に好きでなかったものを将来好きになるとしたら、推論は危険かもしれない。

■普段の買い物は違うのか？

選好の変化は予測ショッピングを混乱させるのか、させるとしたらどの程度か、というのはもちろん概念の問題ではなく経験的な問題である。おそらく特定の領域では、予測はまったく正確かそれに近いだろう。ことによるとアルゴリズムは選好の変化さえ予測できるかもしれない。また特定の家庭用品――石鹸、歯磨き、トイレットペーパー――に関しては選好があまり変化せず、必要なときに自動購入できればおおいに助かるかもしれない。

特定の製品がなくなるとすぐに、有料で自動的にその品を補充してくれる家庭のマネージャーのようなものを想像してみよう。そこに問題はあるだろうか？　約七〇人のハーバード大学の学生につぎの質問をしてみた。

将来、家庭を見守ることができるようになり、石鹸、ペーパータオル、トイレットペーパーといったさまざまな商品を切らしたときにそれが「わかる」と仮定してください。これらの商品が切れたときにホーム・モニターが代わりに自動的に購入してくれるシステムを、あなたは認めますか？

過半数――六九パーセント――が認めると答えた。特筆すべきは、これらの調査で家庭用品がかかわる場合は、本の場合と比べて、予測ショッピングに対する人々の否定的な反応が「裏返った」ことである。理由の一つは、このような品物に対する嗜好が比較的安定していて、エラーが起こりにくいからかもしれない。本を買う場合と異なり、ほとんどの人にとって、この手の品物を選ぶ作業もけっして利益とはいえない。また何かエラーが起きて、石鹸、ペーパータオル、トイレットペーパーを余分に買ってしまっても、あまり気にならないかもしれない。多くの人が歓迎する新聞や雑誌の購読の自動更新の場合と比べてみてほしい。

注目すべき点として、アマゾン・メカニカル・タークで募った別の調査協力者は、家庭用品に関しても自動ショッピングを認めなかった。ここでは「裏返し」は起きなかったのだ。五〇人のうち自動購入を支持したのはわずか三八パーセントだった。おそらく、ホーム・モニター・システムの中立性と精度が疑われたのだろう。協力者は欲しくないものや必要のないものをシステムが購入するのではないかと心配したのかもしれない。選ぶことがけっして楽しくない場合であっても、選択アーキテクトやホーム・モニターへの不信感によって能動的選択を支持することがある例はすでに見てきた。またこの集団のメンバーは、おそらく買い物があまり苦にならない人たちだったのだろう。ハーバードの学生が家庭用品探しに時間を使うことに、格別不熱心だということは考えられる。

米国の人口構成を代表するサンプルの調査でも、同様の基本的な結果が見られた。調査協力者にはつぎのよく似た質問をした。

家庭用品を切らしたときに、ホーム・モニターがあなたの明確な同意を得ずに、あなたの代わりにそれらの品物を自動的に購入して、クレジットカードに代金を請求するようなシステムを認めますか、それとも認めませんか？（商品が欲しくない場合は、返送すれば全額返金され、またこのシステムにこれ以上とどまることを望まないとして、いつでも脱退できるとします。）

認めると答えたのは三二パーセントにとどまり、六八パーセントが認めないと答えた。いずれの数字も注目に値する。ほぼ三分の一がこのようなシステムを認めるという事実は、家庭用品の場合、予測ショッピングに大きな可能性があることを示している。ハーバードの学生がこの発案により熱心だったのは年齢のせいかもしれない。若い人はとくに、自分の代わりに「買い物」をしてくれる技術に不安を感じないのだろう。

米国の人口構成を代表するサンプルで、このようなプログラムに自発的に加入するかどうかをつぎのように尋ねたところ、回答に大きな変化はなかった。

家庭用品を切らしたときに、ホーム・モニターがあなたの代わりにそれらの品物を自動的に購入して、クレジットカードに代金を請求するプログラムに加入することを選びますか？（商品が欲しくない場合は、返送すれば全額返金され、またこのプログラムにこれ以上とどまることを望まないとして、いつでも脱退できるとします。）

加入すると答えたのは三八パーセントにとどまり、六二パーセントは加入しないと答えた。ほかの場合と同じようにここでも、とくに関連する商品を購入する仕事があまり楽しくないことを考えると、過半数が加入を拒否したことは強調する価値がある。おそらく調査協力者はこのプログラムを運営するはずの人々を信用しなかったのだろう。だがそれでも、加入する人が少なからずいる（ほぼ五分の二）という事実はやはり強調しておく価値がある。この差は統計的に有意である。最初から加入を前提とするのではなく、自発的に加入する場合、プログラムに対する支持はかなり増加した。

仮説のホーム・モニターに似たシステムはすでに利用できることを思い出してほしい。アマゾンが提供する定期購読サービスは、家庭の見守りはしないが、必要になるとあなたが考える品物を指定したタイミングで送ってくれる。いったん登録すれば、クレジットカードや住宅ローンの自動支払いと似たシステムで、定期的に商品が届く。

■表

以上の調査結果を踏まえて、異なる種類の購入について縦二列×横二段の表を考えてみよう（次頁参照）。

左上の欄の項目は、選択にかかる判断のコストが小さく、関連する選択はコストではなく利益となる。このような場合、予測ショッピングを選ぶ理由はほとんどない。能動的選択が重要となる。一方、右上の欄は難しい選択がかかわる——しかし多くの人にとって、こうした判断を下すことは利益となる。この場合、予測ショッピングは楽しみを奪うので望まない人が多い。

左下の欄は予測ショッピングに最適である。このような買い物は楽しくないからだ。しかし選択のコストは小さいので、急いで自動化する必要性はない。自動化する価値があるかどうかは、関連する時間を節約することで大きな利益があるかどうかによる（これに関しては、ハーバードの学生と一般

	簡単もしくは自動的	難しく時間がかかる
面白いまたは楽しい	衝動買い （お菓子、雑誌、服）	本、旅行や休暇、車
面白くも楽しくもない	家庭用品 （トイレットペーパー、石鹸、歯磨き）	退職プラン、健康保険

の協力者の違いを思い出してほしい）。予測ショッピングにとっては右下の欄が最も重要である。この場合、選択することは面白くも楽しくもなく、また選択が難しいので、自動化することに実質的な価値がある。予測ショッピングが正確で簡単になれば、自動購入を支持する有力な論拠となるだろう。予測ショッピングが本当の利益をもたらせるのはこの状況である。この欄に当てはまるほかの種類の商品には、不定期に交換する家庭用品がある（電球、電池、来客用のシーツやタオル）。

どの欄に何が該当するかは人によって違うと強調しておくことは重要である。人によって、衣料品の買い物が右下の欄に入る場合もあれば、ほかの人にとっては、衣料品の買い物は左上もしくは右上に入るかもしれない。車の購入は多くの人にとって楽しい作業だが、ほかの多くの人にとっては楽しくないどころか、不愉快でさえある。人によって、投資の判断は難しくてもやりがいのある作業で、魅力さえある。そのため、彼らにとって退職に向けた準備は避けたい仕事ではない。だが、ほかの人にとっては自動化がおおいに役に立つだろう。オバマ大統領のつぎの意味深い言葉を考えてみよう。「私がねずみ色か青のスーツしか着ないことにあなた方は気づくだろう。私は判断する回数を減らそうとしているのだ。私は自分が何を食べるか、何を着るかを考えたくない。ほかに考えるべきことがいくらでもあるからだ[5]」。

■解決策

経験的な問題が解決できて、精度が問題でなくなれば、少なくとも表の下段の事例では、予測ショッピングによって多くの人の生活が楽になるだろう。そうだとしたら、人は予測ショッピングを選好し、選ばないことを選択するだろうと仮定することは理にかなっているかもしれない。最も有力な反論は、少なくともいまのところは、多くの領域で経験的な問題が解決できないことである。この表で示される主要な条件は、この種のプログラムへの自動加入は、選択することが楽しい場合にはよい案ではない、ということになる。

こうした状況での適切な解決策は単純に思える。一般に、人はデフォルトで予測ショッピングのシステムに加入させられるべきではなく、登録したいかどうかを能動的に選択する機会を与えられるべきである。エラーのリスクがきわめて低い場合もある。時間とともに有効性が証明されるアルゴリズムもあるだろうし、たとえ有効性が証明されていなくても試してみたい人はいるはずだ。そのような消費者はこう考えるだろう。「買い物をする手間を省きたい。売り手は私の代わりに選択できる程度に十分に私のことを知っている」。またこう考える消費者もいるだろう。「私は買い物が楽しい。買い物はコストではなく利益であり、私は売り手のことも信用していない」。

要するに、人は自動性を高めるプログラムに加入したいかどうかを能動的に選択するべきである。このような選択をするときは惰性と先送りの傾向に用心しなければならない。この二つは有益なプログラムに参加する際に重大な障害となるかもしれない。節約した時間はその人自身のものとなるのだ。

第8章　強　制

デフォルト・ルールは選択の自由を保持する。能動的選択を歓迎する人々はデフォルト・ルールに疑念を抱きがちではあるが、彼らはデフォルト・ルールでオプト・アウト（拒絶の選択）を許可することの重要性を認めている。しかしながら、人がしくじる傾向があることを証明した、行動に関する研究の成果に照らして、命令や禁止令を正当化する新たな理由があるのではないかと問い続けている人もいる(1)。この質問の動機は明らかである。選択によってその人が間違った方向に導かれるならば、選択の自由を維持するのは本当に最善の策だろうか、ということだ。人が失敗する可能性がありながら、そのような自由を主張するのはおかしいし、道理に反してさえいるのではないだろうか？　多くの状況で人が選ばないことを選択するのが明らかならば、選択の自由を主張することはとりわけおかしいのではないか？

命令が明らかに社会福祉を向上させるなら、命令を支持する有力な論拠となる。もちろん社会福祉とは何を意味するかを明らかにする必要があり、人間の尊厳と行為主体性の問題は重要である。[2] しかしながら、われわれは命令が賢明である場合をいくつも特定することができる。とくに、他者に対する害がかかわる場合だが、それに限らない。このような害がある場合、あるいはなんらかの集合行為問題がかかわる場合、命令や禁止令、あるいは経済的インセンティブが必要かもしれない。暴力的犯罪の問題でデフォルトが十分な手段だとは誰も信じない。盗むか、それとも暴力を働くかの選択が許されるべきだとは誰も考えない。そのような状況では、最も自由な社会においてさえ禁止令が完璧に適している。一般的な市場の失敗を考えたとき、強制にはよく知られた正当化の理由がある。職場の安全や大気汚染の問題を考えてみてほしい。分配の問題があれば、国は能動的選択にもデフォルト・ルールにも頼れないかもしれず、この場合、再分配が通常の解決策となる（普通は所得税の累進課税が適切な手段となる）。

たしかに、市場の失敗や分配の問題があっても、デフォルトは重要な役割を担うかもしれない。クリーンエネルギーを支持するデフォルト・ルールの可能性を思い出してほしい。このデフォルト・ルールは大気汚染を引き起こす市場の失敗を大幅に減らすことができる。命令が実現できない場合、デフォルト・ルールが役に立つことが考えられ、たとえ命令が実施されている場合でも、デフォルト・ルールは命令の遵守率を高めることができる。デフォルト・ルールは分配の目標達成を推進するように設計できるかもしれない。これは不注意で延滞料や超過料金が発生することから貧しい消費者を保護するための必須のオプト・インの場合や、学校で朝食や昼食を無償で提供するプログラムに貧しい家庭の児童をデフォルトで組み入れるような、給食をとる資格の「直接認定」の場合に見られる。

しかし、重大な外部性や集合行為問題がある場合にはデフォルトの効果は、それだけを考えれば小さすぎると判明するかもしれないし、また適切な対応の仕方はほかにいくらでもあるのだ。

行動に関する市場の失敗があることも見てきた。人が非現実的楽観傾向、注意力の限界、あるいは自制の問題で苦労しているなら、またその結果、それらの人々に重大な福祉の損失が生じるならば、おそらくは命令という形での、なんらかの公的な反応を支持する論拠となる。人が命を縮めるかなりのリスクを冒している、もしくはほかの形で生活を損なっている場合、彼らに対する強制は理にかなっているかもしれない。結局のところ、ある種の薬には処方箋が必要だ。自由を愛する社会においてさえ、危険すぎるという理由だけで、人々は特定の食品を買ったり、職場で特定のリスクを冒したりすることを禁じられている。社会福祉の観点から、デフォルトも含めた代案よりも好ましいという理由で、命令もしくは禁止令が最良である事例を特定することは可能である。

■義務に対する五つの反論

それでも、社会福祉の改善を目指すのであれば、また人間の尊厳と行為主体性が重要であるならば、デフォルトはかなり有利であり、しばしば最善の策となると考えるべき、もっともな理由がある。私はデフォルトよりも能動的選択を支持する根拠として、次に挙げる理由を特定してきたが、命令や禁止令の対極にあるものとしてのデフォルトのためにこうした理由が引き合いに出されるなら、これらの理由はいっそう力を発揮するだろう。

第一に、自由を保持する方式は不均一性を前にすれば、最善の選択である。人が自分の思うように行動するのを許可することで、デフォルトは一般に命令を課すことに伴う、「一つのサイズですべてに対応」する解決策にかかわるコストを削減する。クレジット市場の例で、たとえ利率が高かろうと、人によっては借越保護プログラムの利益にあずかれることを、すでに見てきた。借越保護プログラムへの加入を禁じたり、このようなプログラムの利用を厳しく制限したりすることは、有害であることが明らかになるかもしれない。クレジットカードや住宅ローンの場合、人によって嗜好や状況や必要性は異なり、またオプト・インもしくはオプト・アウトが認められるので、デフォルト・ルールは禁止令よりもかなり有利である。たしかに、個別化したデフォルトは不均一性によって生じる問題を軽減できるが、個別化したデフォルトを考案するのは難しいことも考えられる。

第二に、デフォルトを支持する人々は、公務員が限られた情報しか持たず、公務員自身が間違えるかもしれない（知識の問題）という重要な事実に気づいている。デフォルトが間違いにもとづいて選定されるとしても、被害は命令の場合よりもかなり小さいだろう。というのは、デフォルトは自由に無視できるからである。たしかにデフォルトは固着する可能性があるが、デフォルトが本当に気に入らなければ、多くの人がオプト・アウトするのをすでに見てきた。もう一度、有益な例として、冬におけるサーモスタットのデフォルトの温度設定に話を戻そう。設定温度を摂氏一度下げただけでは人々はデフォルトにとどまったが、二度下げるとデフォルトはそれほど固着しなかった。この例は快適でないデフォルトは拒絶されることを示している。これは十分な情報を持たない選択アーキテクトに対処する、重要な防衛手段となる。この場合もやはり、大量のデータセットと個別化したデフォルト・ルールが利用できるようになったことで、問題は減らせるが、すべての問題を排除できると考えるのは甘いだろう。

第三に、公務員は組織化された民間団体の影響を受けうるという事実に、デフォルトは対応できる（公共選択の問題）。その公務員にかなりの知識があるとして、たとえ民主制度がまともに機能していたとしても、彼ら自身の動機が正しくないかもしれない。有力な民間団体が特定のデフォルトを求め、しかも自分たちが求めるものを保証するように公務員を説得することさえできる。だとすると、人々が自分の思い通りにできるという事実は、少なくとも命令と比べたときに実質的な保護策となる。

第四に、デフォルトには、人が選択する能力を奪われたときにこうむる福祉の損失を回避するという長所がある。場合によって、この損失は深刻である。これまで見てきたように、人は選びたくなることがあり、選択を禁じられれば失望したり、怒ったり、もっとひどいことになるかもしれない。デフォルトはそのような損失を防ぐ。

第五に、選択の自由は本質的に善であるとみなすことができ、またしばしばそうみなされることをデフォルトは受け入れており、政府に威厳と敬意をもって人に対処する気があるなら、政府はこの点を尊重しなければならない。なかには自主性と行為主体性はそれぞれ独立した価値を持ち、人が享受する善という大分類の単なる一項目としてではなく、人間の尊厳の一部として正しく扱われていると信じる人もいる。人は自由を奪われると小児化する。もちろんデフォルトもこれと同じ理由で問題視されることはあるが、少なくともデフォルトでは、人は自分の思い通りに行動したければそうすることができる。以上の論拠が命令よりもデフォルトを支持していることに賛同するのに、難解な哲学の議論を始める必要はない。

デフォルトは命令よりも目立ちにくく、透明性が低いので、より狡猾で監視が難しいという理由でデフォルトに反対する人がいる。そうだとすると、デフォルトに反対する特有の論拠となるだろう。しかし、（つねに）そうであるべきなのだが、デフォルトが明白で、また公開されているとしたら、この反論は間違いになる。デフォルトを隠す必要はないし、また隠すべきではない。操作は避けなければならず、何事も人の背後で起こるべきではない。貯蓄プランや健康保険プランへの自動加入については、秘密でもないし、操作も行われていない（能動的選択が要求されないかぎり、必然的になんらかのデフォルト・ルールが採用されるのだ）。なるほど、多くの人はデフォルト・ルールに注意を払わないかもしれないし、その影響を理解していないかもしれないが、考えうるデフォルトではなく、特定のデフォルトが自分のために選ばれたことを知らされたとしても、デフォルトを示されたときの人々の行動は変わらないことを示す証拠を思い出してほしい(3)。

■実例

選択の自由を保つ方式を支持する以上の論拠は、状況が変われば影響力の大きさも変わるだろう。これらの論拠は、命令よりもデフォルトを支持する理由を示しているが、この理由は決め手とはならないかもしれない。たとえば状況によって、選択の自由への関心は圧倒的に重要である。また別の状況では、人は選択の自由をあまり気にせず、その本質的価値は小さい。外部性や集合行為問題があるところでは、デフォルトは不十分かもしれないし、再分配もしくは公平さが目標である場合には命令が適切なときがあると、私は主張してきた。この説明に役立つ三つの問題を、単純なものから順番に見ていこう。

1　大規模な大学が長期にわたり、プリンターのデフォルト設定を片面印刷にしてきて、設定を両面印刷に変えるかどうか検討しているとしよう。念入りな調査にもとづいて、学生、教員、その他の従業員の八割以上が、紙の節約を理由に両面印刷のデフォルトを選好することを大学が知ったとする。この情報を得て、また両面印刷のデフォルトがもたらしうる経済面と環境面の節約に気づいて、大学はデフォルトを両面印刷に切り替える。

つぎに、一部の大学の役員は多数決原理を熱心に支持しており、両面印刷を義務化するべきかどうかを利用者に尋ねるとしよう。この質問への答えはわかりやすい。利用者の約五分の一が片面印刷のデフォルトを選好しており、片面印刷がしばしば最適であることにほとんど疑問の余地はない。たとえばパワーポイントのプレゼン資料や講義ノートなどだ。

片面印刷の利用によって非利用者にかなりの負担が及ぶなら（大学が負担する紙のコストや環境コストなど）、評価は異なるかもしれない。だとすると、比較検討しなければならない。場合によっては外部性が事態を左右する。しかしプリンターを利用する人の福祉が唯一または第一の変数であるならば（この場合はそう見える）、命令よりもデフォルトのほうが明らかに好ましい。かかわる人やプロジェクトの不均一性を前にして、利用者の観点から、命令は不要なコストを強いることになるだろう。これは命令よりもデフォルトのほうが好ましい、明らかな事例である。

2　退職プランにおける自動加入の影響を調べた研究が数多く実施されてきたことはすでに見てきた。また自動加入が加入率を高め、その結果、貯蓄額は増え、同時に選択の自由が保たれることも見てきた。ここまでは順調だ。問題は、従業員が選択しそうな値よりもデフォルトの拠出率が低く設定されている場合（たとえば多くの自動加入プランで採用されてきた三パーセント）、自動加入の結果、平均貯蓄額が下がるかもしれないことだ。というのはデフォルトの率が固着しやすいからである。[4] これはデフォルトを利用して従業員の退職時の福祉を向上したいと考える人にとって、皮肉な結果である。

しかしながら、デフォルト・ルールを断念して命令を支持するのではなく、よりましなデフォルトを選定するのが自然だ。可能性の一つが「自動掛金引上方式」[5]、すなわち従業員の掛金があらかじめ決められた限度に達するまで、毎年上がっていく方式である。[6] 実のところ、自動掛金引上方式の利用はかなり増えていて、人気はしだいに高まっている。もう一つの可能性は、より高い拠出率をデフォルトで選定することである。デフォルトが失敗する可能性は誰も否定しない。[7] 失敗するとしたら、どうやって正すかが課題となる。

しかし、もっと基本的な反論があり、それは選択の自由全般を問題にする——外部性や集合行為問題のためではなく、行動に関する市場の失敗のためである。（オプト・アウトを選択すれば自分のせいで生活の質が下がることになるという意味で）好ましくない理由で従業員が年金プランからオプト・アウトをするとしよう。おそらく当事者は金融システムや雇用主に対して一般的な（また不当な）不信感を抱いており、そのためほとんど、もしくはまったく貯金しないことを選ぶかもしれない。ひょっとすると彼らは深刻な現在バイアスの影響を受けている。その結果、オプト・アウトする人々はきっと苦労するだろう。

以上は経験的な問題だが、だとすると、命令を支持する主張は、福祉を理由に力を増す。行動に関する市場の失敗あるいはなんらかの誤りによって人が自滅的な失敗をしかねないことを、公務員が業務を通じてよく知っているなら、政府は貯蓄を義務化して、オプト・アウトする権利をなくすべきだと主張したくなる。なにしろ、最も民主的な国々はなんらかの義務的な年金プランを用意しているのだ。自発的な補充を許可したり、勧めたりする努力をするよりも、おそらくこうしたプランを拡充すべきであろう。実際、最適な貯蓄率についての公務員による総合的福祉評価を求め、その評価にもとづいて命令を作成するように、求める批評家がいるかもしれない。

原則的にこの方式はなくせないが、慎重を期すべきもっともな理由がある。オプト・アウトする選択の合理性を評価する際、公務員は誤るおそれがあるからだ（知識の問題を思い出してほしい）。デフォルトと比べると命令のほうが、システムに組み入れられることで利益を得る人をシステムに組み入れようとするが、組み入れられることで深刻な被害を受けそうな人もそこに組み入れようとする。この二つの集団の規模を知ることは重要だが、それは難しいかもしれない。人がオプト・アウトするのは、好ましくない理由からでもないし、将来のことを考えていないからでもなく、いますぐお金が必要で、現在の福祉と将来の福祉のあいだで賢明な取引をしているからである。

とくに集団の多様さと時間に伴う変化を考慮すると、最適な貯蓄率の総合的福祉評価は、控え目にいってかなり難しい。二五歳、三〇歳、四〇歳、あるいは六〇歳の人にとって理想的な貯蓄率とは？　学費ローンや住宅ローンの支払いあるいは幼い子どもや成長した子どものための出費がある場合、理想的な貯蓄率はどう変化するだろうか？　年収三万ドル、六万ドル、あるいは一〇万ドルでは、その数字はどう変わるだろうか？　マクロ経済の状況の変化は、そうした状況にどう影響するだろうか？

時間の経過に伴う変化もあり、異なる人には異なる方式が理にかなっていることを、これらのどの評価も認めないわけにいかないだろう。たとえば景気後退期には、少なくとも比較的低所得の人にとっては、好景気時より低い拠出率が道理にかなっているかもしれない。また、大学の学費ローンの返済がある人は、その支払いが苦しいうちはあまり貯金したくないかもしれない。さらに現在の消費に大金を正当に使っている人は（幼い子どもや大学に通っている子どもがいるなどして）、その期間はまとまった額を貯金に回したくないかもしれない。以上の点は、「一つのサイズですべてに対応」する命令ではなく、個別化した命令の必要性を示している。個別化した命令を設計するのは容易ではなく、危険な形の社会工学と変わらないものになるだろう。

それ以上に、どんな強制も、少なくとも自主性を行使したがっている一部の選択者に福祉の損失を負わせることになり、自主性を行使できないと知れば、彼らはきっと失望するだろう。そして仮に選択の自由に本質的な価値があるか、あるいはそれが学習を促す場合は、命令を避けるさらなる理由となる。

以上のさまざまな点は、命令と禁止令について重大な警告を発している。実際、命令も禁止令も決め手にはならないだろう。それでもすでに述べたように、多くの国がまったく正当な理由で、何かしらの社会保障プログラムによって貯蓄を強制している。おそらく既存のプログラムを拡充して、義務的な貯蓄の水準を引き上げるべきだろう。オプト・アウトする人が純粋に好ましくない判断を下していると証明できるなら、命令を支持する有力な論拠となるだろう（少なくとも被害のリスクを減らすルールの変更に賛成する論拠となる)。しかし仮にそうだとしても、民間の退職プランは貯蓄者にとって重要な役割を担っており、問題は、現在の自発的なシステムの強制を強めるべきかどうかである。不均一性および政府が誤るリスクは、デフォルトを支持する有力な主張となる。

3　大半の自動車は排気ガスを出し、ガソリンの使用は外国産の石油への国の依存度を高める。標準的な経済上の理由にもとづく市場の失敗があり、運転手の活動の社会的費用を内部化させるために設計された、なんらかの補正税（単なるデフォルト・ルールではない）が最善の対応のように思える。行動情報を把握した規制者は、多くの消費者が購入時に車の維持費にあまり注意を払っていないことを付け加えたくなるだろう。運転手に注意を払う気はあっても、そうした費用についてよく理解していないかもしれない。というのはガソリン一リットル当たりの走行距離の差を経済や環境への影響に置き換える作業は単純ではないからだ。選択の自由を保持するための明らかな方式は、人に誠実に情報を伝え、こうした市場の失敗を正す、単純でわかりやすい燃費ラベルを使った情報開示であろう。実際、オバマ政権はまさしくこの類いのラベルを編み出した[8]。

しかし、このようなラベルが十分な効果をもたらすのだろうかと疑うのも無理はない。おそらく、消費者の多くはラベルにほとんど注目しないだろうし、それゆえ、相当な金額を節約できる車を買おうとはしないだろう。たしかに補正税はこの問題の解決に役立つかもしれないが、消費者が購入時に燃費をまったく無視するなら、消費者の視野の狭さに負けないために、燃費効率のよい車に対するなんらかの補助金を税金と組み合わせるのが最善の策かもしれない。消費者が（購入時に）車の維持費にまったく無頓着ならば、一般的な経済的理由では支持されない、実用的な燃費基準が正当化されることになるかもしれない。この場合も、政策立案者が命令を検討することは正当化されるだろう（そしてもちろん、低燃費化の義務づけは多くの国で普及している）。

この主張を支持して、燃費効率基準から生まれる、まったく外部性がかかわらない、消費者による二種類の節約に直ちに注目することが有益だろう。それはお金と時間である。事実、最近の燃費基準から生じる定量化された利益の大半は、環境面の改善ではなく、ガソリンスタンドで節約されるガソリン代からもたらされる。お金に換算した時間の節約も大きい。このような燃費基準のうち最も意欲的な最新のものとして、米運輸省は、消費者の経済的節約が五二九〇億ドル、時間の節約が一五〇億ドル、エネルギー安全保障上の利益が二五〇億ドル、二酸化炭素排出量削減による利益が四九〇億ドル、その他の大気汚染関連の利益が約一四〇億ドル、死亡事故の減少による利益が一〇億ドル弱に相当することに気づいた(9)。予測される利益の総額は一五年で六三三〇億ドルである。そのうちの実に八四パーセントがガソリンスタンドでの節約によるもので、八六パーセント以上が、ガソリンスタンドでの節約と時間の節約の合計である。

問題は、標準的な経済学上の理由で、こうした消費者の利益を分析に含める権利が政策立案者にあるかどうかが明確でない点である。というのはそれらは純粋に私的な節約であり、外部性がまったくかかわらないからだ。買う車を決める際に、消費者は低燃費車がもたらす私的な節約をたしかに考慮することができる。そのような車を買わないことにしたなら、それは車のその他の属性（安全性、美観、性能）ほど、燃費効率を高く評価していないためかもしれない。市場の失敗はどこで起きたのだろうか？　本当の問題が情報不足にあるとしたら、標準的な経済学的処方箋は、行動情報にもとづく処方箋と重なり合う。その情報を提供し、消費者がその情報を容易に理解できるようにすればいいのだ。

　しかしながらこの文脈では、選択を保持する方式はいずれも不適切となるおそれがある。世界一優れた燃費ラベルを採用したとしても、消費者は購入時にこうした利益に十分に注意を払わないかもしれない。それは低燃費車の利益よりほかの要因のほうが価値があると合理的に判断したからではなく、単にほかの変数に注意が向いているからにすぎない[10]。低燃費車を買うかどうかを決める際に、どれだけの消費者が時間の節約について本気で検討するだろうか？

　この問いは数多くの経験的な疑問を提起する。その疑問に対する完全な答えはまだない。しかし、消費者がお金と時間の節約に十分な注意を払っていないなら、しかるべく設計された低燃費化の義務づけ――ハード・パターナリズムであり、単なるデフォルトではない――が正当化されることになるかもしれない。というのは、この義務化は、情報を与えられてすぐに低燃費に注意を向ける消費者がもたらすのに似た結果を生み出すはずだからである。義務化の利益が費用を大幅に上回るならば、また消費者の福祉の損失（たとえば安全性、性能、あるいは美観の低下といった形の）が大きくなければ、命令は行動に関する市場の失敗を修正する役に立つ。実際、アメリカ政府はそのように主張している。

　中心的な難問は、この場面では（またほかのいくつかの場面でも）エネルギー・パラドックスと呼ばれてきた。要するに、問題は消費者が自分の経済的利益となる製品を購入しないように見えることである。どうしてそうなるのかには、有力な理論上の理由がある。

・消費者は視野が狭く、そのせいで長期的展望を軽視する。

・情報が不足しているのかもしれない、あるいは情報が与えられても、よく理解していないのかもしれない。

・消費者は、不確かな将来の燃料節約に関連して、たとえ燃料節約の期待現在価値が費用を上回るとしても、低燃費製品の価格が比較的高いことによる短期的損失をとくに嫌うのかもしれない（「損失回避」という行動的現象）。

・消費者に関連知識があるとしても、低燃費車の利益は購入時には十分に目立たないかもしれず、そのために、消費者は検討するべき経済的利益をもたらすはずの属性を無視するのかもしれない。

・車の燃費効率の場合、おそらく前述の一つまたはいくつかの要因の結果、いったん車の等級などのほかの特徴を選ぶと、燃費効率のよい車を購入しようとしても、選択肢がかなり限られるのかもしれない[11]。

もちろん規制者は、命令または禁止令を支持する、行動に関する主張を受け入れる前に、慎重になるべきである。行動バイアスは主張するだけでなく、証明されなければならない。ひょっとすると大部分の消費者は低燃費車の利益におおいに注目しているかもしれないのだ[12]。また政府の数字、すなわち費用と利益の見積りは間違っているかもしれない。知識の問題を思い出してほしい。消費者は車に関してかなり多様な選好を示すものであり、燃費基準は単なるデフォルトではなく、柔軟性を最高に高め、選択の自由の余地を十分に残すように設計するべきである。全車両の平均値を使用することは、このような余地を確実に保つのに役に立つ。というのは、これによって多様な車種が対象となる可能性が生まれるからである。

こうした条件とともに、行動に関する市場の失敗に言及することで生まれる、燃費基準を支持する論拠は、少なくとも妥当に思われる。この文脈において、（改良された燃費ラベルという形での）ナッジと（基準という形での）命令は手を取り合って進んでいくかもしれない。行動に関する研究成果を理解したうえで、消費者の福祉を促進する指揮統制方式は、補正税という標準的な経済的対策よりもはるかにましだと判明するかもしれない。この文脈では、デフォルト・ルールと能動的選択だけではとても十分とはいえない。

■リスクが少ない

燃費効率の例は重要だが、必要以上に重視するべきではない。人為的エラーを前提にすれば、命令は選択の自由を維持する代案よりも一般に好ましい、ということをこの例は証明していない。そのような代案、とくに能動的選択とデフォルトが、不均一性の高い集団に対して解決策を押しつけることに伴う高額な費用を削減し、政府のエラーにかかわる重大なリスクを抑え、選択の自由を排除することにかかわる多くのコストを回避し、個人の自主性、行為主体性、尊厳をよりしっかりと保護するのを、すでに見てきた。しばしば予想外で、ときには有害な命令の影響に照らせば、デフォルト・ルールは一般にリスクが少ない。

最終的に、社会福祉を根拠に命令が正当化されるかもしれないことを誰も否定するべきではない。しかし自由な社会では、少なくとも一般的な市場の失敗がかかわらない場合、選択の自由を保持する、それほど押しつけがましくない代案で始めて、普通はそれで締めくくるのが理にかなっている。

結論　デフォルトによる自由

私は本書の冒頭で、いまはどの時代にも増して「正確なところ、あなたは何が欲しいのか？」と質問することが容易になったと指摘した。公的組織も民間組織もこの質問の答えを手に入れることができ、即座に回答を得ることさえ可能である。音楽、コンピュータ、本、携帯電話、プライバシー、映画、テレビ番組、退職プラン、健康保険プラン、新聞記事に関して、今日、明日、来週、そして来年、欲しいものを選ぶように、あなたに求めることができるようになった。実際、あなたは自分の人生の家具の配置を決めることができる。しばらく前から、それとも今日一日のあいだ配置を変更していなければ、毎日あるいは毎週、配置を変えたいかどうかを聞いてもらえる。どの程度の頻度で質問してほしいかを選ぶことさえできる。人は行為主体性を発揮する新たな自由を手に入れたのだ。

問題は、時間と注意力には限りがあること、また人があなたに選択するように求めるとき、彼らが選択を強要することである。このような強要はしばしば嫌われる。人は選ばないことを選択するか、頼まれれば選択するだろう。また彼らは質問されないことを好む場合がある。

選ばないことを選択する人々にとってありがたいのは、どの時代にも増して、選択アーキテクトすなわち社会計画者が正確なデフォルト・ルールを設定できるようになったことである。極端な場合、関連する集団の構成員それぞれに特別にあつらえたデフォルト・ルールの設定が可能である。選択アーキテクトはあなたについて知った情報にもとづいて、あなたが欲しいものを正確に特定できるだろう――おそらくあなた自身が特定するよりもより早く、より正確に。彼らは「デイリー・ユー」「マンスリー・ユー（月刊・あなた）」あるいは「ユー・ディス・イヤー（今年のあなた）」を創刊できる。彼らはあなたの過去の選択を利用してそうするかもしれない。あるいはほかの情報――あなたの年齢、性別、現在地、健康状態――を利用するかもしれない。彼らは選択するという責務からあなたを解放し、すでに答えを知っているという理由で、あなたへの質問を辞退する。

パンドラを思い出してほしい。これはあなたが特定した好きな歌手や曲にもとづいて、個別化したラジオ局を設定するアプリである。パンドラは、そこで利用される数学アルゴリズムが、利用者が曲Aを好きならば、曲B、C、Dも気に入るだろう、なぜならB、C、DはAによく似ているからと正確に予測することで機能する。あらゆる場所でパンドラのような方向に向かう流れが起きることは容易に想像でき（パンドラ化といえるだろうか？）、多種多様な商品に対して同様のアルゴリズムが利用されるだろう。だとしたら、一つまたはわずかな選択をするだけであとはデフォルトで自動的に処理され、その結果、視聴したり体験したりするものを、人は気に入るかもしれない。

自分のことは自分で判断したいという欲求が人類という種の定義に役に立つことは間違いない。多くの文脈で人は選択のための筋肉を使いたがる。人は他人よりも自分を信頼しているという理由で、また自主性を発揮し、選択筋を鍛えたいという理由もあって、能動的選択を強く要求する。彼らは学びたがり、多くの人がデフォルト・ルールに疑いを持っている。しかしながら、人が気づいているかどうかに関係なくデフォルト・ルールはいたるところにあり、デフォルト・ルールなしに生活するのは不可能である。人が能動的選択を称賛するのは、多くの場合、デフォルトによって設定された背景に逆らっているためだ。デフォルトは選択を管理しやすく、また実行しやすくする。

英米の政治理論で「能力を与える拘束」について語るのは普通である。その一例が文法規則である。また言語そのものもそうだ。文法や言語を批判するのは無駄である。それらがたとえ拘束するとしても、また拘束するからこそ、意志の疎通が可能となる。憲法も能力を与える拘束である。いったん憲法が制定されれば、何人の大統領を置き、最高裁判所を設置するかどうか、あるいは選挙を行うかどうかといったことを国民は判断する必要がなくなる。

たとえデフォルト・ルールのおかげでほかの問題にあてる時間ができるからという理由にすぎなくても、重要な点として、デフォルト・ルールはわれわれを自由にしてくれる。官民の組織にとって主な疑問は、人が何もしない場合にどうなるかである。というのは人は何もしないことが多いからだ。デフォルト・ルールがきちんと選定されるなら、それはわれわれの生活をよくしてくれるので、福祉は向上する。また、より差し迫った、あるいは重要な問題に取り組む時間ができるので、自由も促進される。デフォルト・ルールがなければ、われわれが自主性を行使するのはかなり難しくなるだろう。

私はこれまで、つぎの三つの可能性のいずれかの選択にかなり注目してきた。すなわち、個別化していないデフォルト・ルール、能動的選択、そして個別化したデフォルト・ルールである。どれが最善かを判断するには、判断のコストと誤りのコストを検討する必要がある。厚生主義に根ざしたこの枠組みは完全ではないが、この領域の多くの要素をとらえている。広範囲にわたる主張をまとめて、三つの指針を示そう。

1 関連する集団が多様でない場合、選ぶことを楽しめない場合、また個別化していないデフォルト・ルールが構成員の情報にもとづいた選好を満足させる場合には、能動的選択を要求したり、デフォルト・ルールを個別化しようとするよりも、個別化していないデフォルト・ルールを選ぶのが一般に最も賢明である。このような状況では、個別化していないデフォルト・ルールは福祉を促進するという意味でうまく機能する。根本にある問題が複雑でなじみがない場合、能動的選択は利益ではなく負担となるかもしれない。そのかぎりにおいて、デフォルト・ルールを支持する論拠は補強される。主な制限は、学習と行為主体性が重要ならば、どんな種類のデフォルト・ルールの利用にもかなりの反発が起こることである。

2 集団が相対的に多様な場合、選択することが実際に好まれる場合（おそらく選択することが楽しいため）、学習と行為主体性が重要である場合、あるいは官民の組織が信用できない、もしくはどのデフォルト・ルールが最適かについてのまともな情報がない場合には、能動的選択がかなり有利である。これらの条件のいずれかが該当すれば、個別化していないデフォルト・ルールに反対し、能動的選択を支持する論拠となる。すべての条件が該当する場合、その論拠はかなり強力になる。

3 集団が相対的に多様な場合、選択が利益ではなく負担となる場合、個別化したデフォルト・

ルールが正確である場合には、それらは個別化したデフォルト・ルールに対する有力な論拠となる。人間は多様なので、個人に対応することはおおいに利益をもたらすはずだ。選択が歓迎されない負担となる場合、能動的選択を支持する主張は弱まる。少なくとも選択アーキテクトが情報を持っていて、しかも信用できる場合、個別化したデフォルト・ルールは「一つですべてに対応」するデフォルトにかかわる問題を小さくし、能動的選択の利益の多くをもたらす可能性がある。選択アーキテクトが信頼できるなら、個別化したデフォルトをつねに支持するもっともな論拠となるが、その主張は学習と行為主体性が重要である場合に覆えされるかもしれない——これは能動的選択を支持する際に繰り返される点である。

個別化したデフォルト・ルールは多くの領域で今後の流れとなっていく。多様な人々が情報にもとづいて判断した選択についての大量の情報が利用できるようになるに伴い、個別化が大幅に進むのは避けられないだろう。来たるべき波はすでに動き出している。それが重大なリスクを生むであろうことを誰も疑うべきではない。プライバシー、学習、自己の能力開発の重要性——そして多くの状況で能動的選択を要求することの必要性を私は力説してきた。しかしおおいに楽観視する理由がある。時間は貴重である。おそらくほかの何よりも貴重であり、もっと時間があればもっと自由になり、より多くの能動的選択ができるようになる。場合によっては、選ばないことが最善の選択である。個別化したデフォルト・ルールは、われわれがよりシンプルに、より健康的に、そしてより長く生きられるようにしてくれるだけでなく、もっと自由になれると約束してくれる。

謝辞

エドナ・ウルマン＝マルガリートに最上級の感謝を贈る。彼女は密接にかかわる諸問題の研究に携わり、本書の基礎を敷く助けとなったいくつかの論文を私とともに執筆し、また関連する議論をたびたび交わした。彼女は実に注目すべき哲学者であり、仮定および合理性と選択の限界というテーマに特別な関心を寄せていた。また最高の友人であり、協力者でもあった。彼女がいなければこの本は書けなかっただろう。

またエリック・ジョンソンにも格別の謝意を表したい。彼はこのテーマに関する決定的な研究の多くを手がけてきており、寛大にも基本的な問題についての詳細な議論の相手をしてくれ、また初期の原稿を読んで幅広い意見を述べてくれた。私のすばらしい友人であり、共著もあるリチャード・セイラーにも、すべてにわたってお礼を申し上げる。私は彼からおびただしい知識を学び、いまも学び続けている。われわれの共同研究、そして無数の会話は、本書の中心的な役割を果たしている。ルシア・ライシュにもお世話になった。彼女との共同研究は本書の議論に多くの情報をもたらし、また彼女は基本的な論点に対して貴重な提案や意見を聞かせてくれた。リカルド・レボナトの優れた著書*Taking Liberties: A Critique of Libertarian Paternalism*（2012）からは本書に示した多くの論点のヒントと情報をいただいた。レボナトとの有益な討論と彼の意見にはことのほか感謝している。

　編集を担当してくれたアレックス・フラックにも特別にお礼を申し上げたい。彼が全般的な方向性を示し、原稿についてきめ細かい提案をしてくれたおかげで、何カ所も手直しすることができた。彼の決断力と鋭い洞察に感謝している。

　貴重な議論を交わし、意見を聞かせてくれたつぎの方々にも感謝の気持ちを伝えたい。ヤン・エルスター、エリザベス・エメンス、クレイグ・フォックス、ラッセル・コロブキン、ジェイン・マンスブリッジ、ヨタム・マルガリート、マーサ・ヌスバウム、エリック・ポズナー、タリ・シャロット、ラリー・サマーズ、デイビッド・タネンバウム、エイドリアン・バームール、ローラ・ウィリス。そしてダニエル・カンター、リサ・マローン、エルザ・セイボリー、メアリー・シュヌーアはすばらしい意見と、研究アシスタントとしての貴重な助力を提供してくれた。道案内として助けてくれたエージェントのセーラ・チャルファントにも感謝申し上げる。

　本書はユニバーシティ・カレッジ・ロンドン（ロンドン大学）でのクウェイン講義の土台となる原稿として十分に練り上げられ、講義は二〇一四年一〇月に行われた。数々の有益な提案を聞かせてくれた、三回の講義の聴講者ならびにその後のすばらしい討論会の参加者に大変感謝している。中心的なホスト役を務めてくださったジョージ・レッツアスの極上のおもてなし、そして優れた意見と反論にことのほか感謝している。おかげで多くの改善点を原稿に盛り込むことができた。クウェイン講義が行われた週の怒濤のツアーのあいだに、私はロンドン・スクール・オブ・エコノミクス、王立芸術協会、およびオックスフォード大学でも論点の一部を発表する栄誉に恵まれた。ロンドン・スクール・オブ・エコノミクスでホスト役を務めてくださったタリ・シャロットのたぐいまれな思想と提案にとくにお礼を申し上げる。

本書で示した論点の一部は、二〇一四年五月に、エルサレム・ヘブライ大学でのエドナ・ウルマン＝マルガリート記念講義でも発表した。ここでの講義を依頼されたことを私は大変な名誉と思っている。またホスト役を務めてくださったマヤ・バー＝ヒレルおよびマルガリート家の皆さんのご厚意と寛大さにお礼を申し上げたい。

本書の一部はケンブリッジ大学、コペンハーゲン・ビジネス・スクール、ダートマス大学、全米科学財団、ペンシルベニア大学法科大学院、英国学士院など、ほかの多くの場所でも発表された。英国学士院では「法律学のマカベア講義」でいくつかの章の初期の原稿を発表した。大幅な改稿につながる数々の提案を聞かせてくれた、カリフォルニア大学ロサンゼルス校、シカゴ大学法科大学院、ハーバード大学ケネディスクールの講義に参加した優秀な聴講者ならびにワークショップの参加者に感謝する。

私はハーバード大学を研究の拠点とすることができて実に幸運である。ここを気持ちよく研究に打ち込める場にしてくださっているマーサ・ミノウ学部長とドルー・ファウスト学長にお礼を申し上げる。私は二〇一四年夏の大半をニューヨークのラッセル・セージ財団で過ごしたのだが、この特別な訪問を実現してくださったシェルドン・ダンジガーに感謝申し上げる。

私はこれまで二〇年以上のあいだデフォルト・ルールの研究に当たってきた。その大半は学術論文として発表しており、その論文の一部が三冊の著書、*Nudge: Improving Decisions about Health, Wealth, and Happiness*（2008）（セイラーとの共著）（『実践行動経済学』（遠藤真美訳、日経ＢＰ））、*Simpler: The Future of Government*（2013）、および *Why Nudge? The Politics of Libertarian Paternalism*（2014）に収録されている。その研究の一部を本書で使ったが、本書の議論の大半は *Deciding by Default*, 162 U. PA. L. REV. 1（2013）および *Choosing Not to Choose*, 64 DUKE L. J. 1（2014）に収録された、これらのテーマの初期の研究からとっている。論文の再利用を許可してくれた『ペンシルベニア大学ロー・レビュー』および『デューク・ロー・ジャーナル』の編集部にお礼を申し上げる。第8章は *Nudges vs. Shoves*, 127 HARV. L. REV. FORUM 210（2014）からとっており、『ハーバード・ロー・レビュー』の編集部にもお礼を申し上げる。

解説

大屋雄裕（慶應義塾大学教授）

二〇〇七年、アメリカの法律雑誌『グリーンバッグ』に掲載された論文は、数学における「エルデシュ数」と同様の概念として法学における「サンスティーン数」の導入を提唱した（Paul H. Edelman & Tracey E. George, "Six Degrees of Cass Sunstein", *The Green Bag*, vol. 11, no. 1, 2007, pp. 19-36）。ハンガリー生まれの数学者ポール・エルデシュは生涯にわたって一五〇〇篇以上の論文を書いたが、その大半がさまざまな数学者との共同研究の成果だったことで知られている（ポール・ホフマン『放浪の天才数学者エルデシュ』平石律子訳、草思社文庫、二〇一一年）。エルデシュ数はそこで形成された数学者のコラボレーション・ネットワークにおける中心エルデシュとの距離を示すもので、エルデシュと直接の共著がある研究者をエルデシュ数1、その研究者と共著のある研究者をエルデシュ数2……とする形で定義される。その存在との距離を通じてある学の構造が可視化されるという意味において、エルデシュに相当するアメリカ法学の中心はキャス・サンスティーンであるというのが、論文の筆者たちの結論であった。彼らによれば、その時点でサンスティーンには五八人の異なる論者との共著八〇本以上を含む五〇〇本以上の業績があり、二〇〇三年にはその著作が年間三〇〇〇回以上引用されるなどアメリカの法学者としてトップクラスの影響力を持ち、そのカバーする領域も本来の専門であった憲法・行政法から（しばしば他分野の研究者とのコラボレーションを通じて）動物の権利、法と経済学、行動経済学など広範囲に及んでいる。さまざまな意味においてサンスティーンが現代アメリカ法学を代表する存在であるということは、たとえばこのような議論が成立するところにも現れているということができるだろう。

＊＊＊

著者であるキャス・R・サンスティーンは一九五四年生まれ、ハーバード大学ロースクール（LS）を最優等の成績で修了し、その後二年間ロー・クラークを務めた。これは主に連邦裁判所の特定の裁判官のもとで秘書官・書記官的な役割を務めるもので、将来アメリカ法曹界の中心を担うような優秀なロースクール修了者にしか認められない、きわめて競争率の高いポストである。後半一年を当時の連邦最高裁判事サーグッド・マーシャルのもとで務めていること、その後司法省での短期間の勤務を経て八一年（二七歳）にはシカゴ大学ロースクールの助教授、その後政治学のポストも兼ねて八五年にはロースクールと政治学部双方の正教授に就いていることからも、まさにアメリカを代表する早熟のエリートと見ることができるだろう。二〇〇八年にハーバード・ロースクールに移籍したのち、二〇〇九年から一二年まで発足当初のオバマ政権で連邦政府行政管理予算局の情報政策及び規制政策担当官を務めていることも、アメリカの統治エリートらしいキャリアの一環と評価することができる（オバマ大統領はかつてシカゴ大学ロースクールで非常勤講師を務めていた。つまりサンスティーンの「元同僚」である）。同局の局長は閣僚ポストと理解されているので、それに準ずる身分でオバマ政権の目玉の一つであった情報化を担当する立場だったと言ってよい。それはメディアによって「規制の皇帝」（regulatory czar）とも表現されるほど、特定分野の政策に絶対的な影響を持つ地位だったのである。

多様なサンスティーンの仕事のうち、本書（*Choosing Not to Choose: Understanding the Value of Choice*, Oxford University Press, 2015）は経済学者リチャード・セイラーとの共著『実践行動経済学――健康、富、幸福への聡明な選択』（遠藤真実訳、日経BP、二〇〇九年）以来のリバタリアン・パターナリズムの系列に属するものと言っていいだろう。サンスティーンは一方で、行為者たる個々の市民の利益が保護されよりよく実現するために、典型的には国家などの公的主体やサービス提供者がその意思決定に介入するというパターナリズムの必要性を認めている。だがそれが一方的な制約や強制にならないように、あくまで選択環境の操作を通じて一定の傾向を作り出すこと――柔らかく押しやる（ナッジ）ことにその強度をとどめ、各主体がその影響を逃れて自分自身の本来の選好を実現する可能性を保障しようというのがその基本的な提案であった。それにより、最大限の自由を実現しようとするリバタリアニズムと、相手の利益のための干渉というパターナリズムとを両立させることができるというのである。

本書でもたとえば、個々人の選択に環境が及ぼすさまざまな影響に関する経験的・実証的な研究の紹介を通じて、リバタリアン・パターナリズムの有用性とありうべき問題への応答が示されている。

そこで暗黙のうちに否定され乗り越えられるべき対象と想定されているのは近代的な個人・社会像、すなわち各個人は何が自分にとっての利益でありどのようにすればそれが実現可能かを理解・選択できるような自律的存在であり、彼らの自己決定を通じて形成されるのが社会だとする考え方である。そこでは、個々人の自律的自己決定にできるだけ介入しない（あるいはそれを妨害するような暴力などの排除にとどめる）のが国家の正しいあり方だということになるだろう。だが複雑化した現代社会においては人々はつねに多様な選択肢にさらされており、それらすべてについて十分に考慮したうえで選択することを個々人に求めることは——時間的にも能力的にも——非現実的である。自分にとってそれほど重要ではなかったり、十分な判断能力を備えていない問題については自分の利益が相当程度に守られることを前提として他者に委ね、それによって生じた余裕を本当に関心のあること・重要なことに注ぐほうが合理的だし、個々人を幸福にするだろう。「選択しないという選択」の価値はその点にあると、サンスティーンは主張する。

　われわれはこれを、やはりサンスティーンのシカゴ時代の同僚であった憲法学者ローレンス・レッシグ（サンスティーン数1）のアーキテクチャー論に対する応答だと考えることができるかもしれない（『CODE——インターネットの合法・違法・プライバシー』山形浩生・柏木亮二訳、翔泳社、二〇〇一年）。経済・法・道徳などを個々人を規制するものとして連続的に理解する「新シカゴ学派」と自らを位置づけるレッシグは、その新たな様式として、空間の物理的構造を操作することによって可能な選択肢それ自体を制約するアーキテクチャーに注目したのである。たとえばファーストフード店の堅い椅子は客を長居させないための、駅のホームドアは鉄道自殺を防止するための、アーキテクチャーだと理解することができる。この例からもわかるようにアーキテクチャーは適切な目的のために利用されることも十分にありうるのだが、制約される個人から意識されることなく・不服従や違反の可能性を物理的に消し去った完全な支配をしばしば実現するという意味において危険性を秘めた存在であり、悪用されないよう社会的に統制されなくてはならないというのがレッシグの主張であった。

だが、どうすればそれを実現することができるだろう。われわれが制約に気づかないとすれば、制約に対する反感や評価を購買行動によって市場へ反映させることは期待できない――客を追い出すために椅子の座り心地を悪くしているのだと正面から言われれば客も気を悪くするだろうが、そのような意図を告げる必要がないのがアーキテクチャーの特徴である。行政や司法はしばしば適切な能力を持たず、民主的な正統性を欠いている。政治は本来「われら人民」の意見を反映する重要な経路だが、現実には利益集団化することによって腐敗している。結局この状況は「出口なし」なのではないかというのが、レッシグの焦燥であった。裁判に出口を求めて著作権存続期間の延長法に反対する勝ち目のない法廷闘争に挑み（*Eldred v. Ashcroft*, 537 U.S. 186 (2003)）、あるいは自らの手で政治改革を実現しようと大統領選挙の民主党予備選に出馬する（二〇一五年九月。一一月に撤退）などレッシグの「迷走」の背景にあるのは彼のそのような社会認識だ、と言うことも許されるだろう。

だがそれに対してサンスティーンは、アーキテクチャーの威力を利用して個々人の利益・幸福を守りながら、その副作用を避けて善用していくことは可能なのだと主張しているように思える。デフォルト・ルールは悪用されうるが、たとえば暖房温度のデフォルト設定を引き下げすぎれば寒気を感じた人々が積極的に設定を変更してしまうように、アーキテクチャーが人々の利益を損なえばそれに反する行動を人々が能動的にとるようになり、デフォルト・ルールとしての意味を自動的に失ってしまう。問題が生じる場合には、簡略な能動的選択を用いればよい。これまでの選択に合致するような「おすすめ」が自動的に提示されるようになるとその傾向に一致しないものを見る機会が減っていき、趣味や選好が自己言及的に強化されてしまうこと（共鳴室《エコーチェンバー》）も懸念される。しかしそれを防ぐために、多様な偶然の出会いを保障するようなセレンディピティ・アーキテクチャーを構築することもできる……。

その際にサンスティーンが強調するのは、すでに中立的な場所などないということである――「人が気づいているかどうかに関係なくデフォルト・ルールはいたるところにあり、デフォルト・ルールなしに生活するのは不可能である」。デフォルト・ルールを設定する場合としない場合とでは人々の選択行動に違いが生じるということを、すでにわれわれは知ってしまっている。その状況において一定の利益をもたらすようなデフォルト・ルールをあえて採用しないことは中立的な選択ではなく、なんらかの価値（たとえばそれは本書でハクスリーに言及しながら「行為主体性および重要な意味での尊厳」と表現されているものかもしれない）のためにその利益を断念するという価値判断を意味しているだろう。

サンスティーンがかつて行った「現状中立性」（status quo neutrality）批判を、ここでわれわれは想起すべきかもしれない（*The Partial Constitution*, Harvard University Press, 1993）。市場や社会を国家・法に先行して存在するものと位置づけ、それゆえに国家がそれに介入せず「そのまま何もしない」ことが憲法の求める中立的な立場だとする考え方が広く存在している。しかしサンスティーンによれば、たとえば市場も法によって作り出された権利や義務の上に立って現在の状態に到達しているのであり、政府はその現状が憲法の求める理念にかなっているかどうかをつねに検討する必要があるというのだ。

「能動的選択を主張するのはパターナリズムの代案ではなく、多くの場合、パターナリズムの一種」なのだという指摘も、これと軌を一にしている。個々人の選択に委ねることは、一定の干渉を加えれば彼が得られたかもしれない利益を放棄させるという積極的な意味を持ってしまう。何もしないという選択肢は、実は中立や公正を意味していない。だとすればわれわれにできるのは、さまざまな処方箋の特性、たとえば個人の利益や幸福を保障するかわりに自主性を損なってしまうとか、プライバシーを守るために利用可能な情報が制約されて一定の不利益が放置されるとか、そのような長短を考慮し、間違った場合の被害が大きかったり判断が難しい場合には自主性よりも利益を重視するといったように「判断のコストと誤りのコスト」を調整していくことだけなのだというのが、アーキテクチャー論に対する彼の反応だということになるのではないだろうか。同様にサンスティーンが「完全には理論化されていない合意」(incompletely theorized agreement) の重要性を主張したことを想起しよう (cf. "Incompletely Theorized Agreements", *Harvard Law Review*, vol. 108, no. 7, pp. 1733-1772)。社会的な論点について、議論に関与するわれわれ全員が心からの同意に達し、動機や理由づけも含めて一致することなどありはしない。いま・ここで次になにをなすべきかという外見的な行為の次元でとりあえずの合意が形成できれば十分だというのが、その主張であった。アーキテクチャーの統制という問題の論理的な「出口」、完全な解決を約束する処方箋を模索し続けるレッシグに対して、現実に社会を動かすのにそのような結論は必要ないと、サンスティーンは微笑んでいるのかもしれない。

＊　＊　＊

サンスティーンは二〇〇八年に、日本法哲学会・法哲学社会哲学国際学会連合（ＩＶＲ）日本支部の招きによって来日し、公開講演「神戸レクチャー」と二つの関連ワークショップを行った（この間の経緯は、後掲『熟議が壊れるとき』の解説に詳しい）。筆者自身、このうち南山大学でのワークショップでコメンテータの一人を務め、サンスティーン自身からの応答を受けるとともに会食の機会を得たのだが、それを通じて得た印象はまさに典型的な（あるいは模範的な）アメリカン・ロイヤーだというものであった。すなわち、第一に理論的な洗練や整合性よりも現実的な問題解決に関心を持ち、どれだけ適切な問題処理が可能かというプラグマティックな志向を持つ点、第二にその際念頭に置かれているのは現存するアメリカ社会であって、ほかの国家・社会の状況は必ずしも視野に入っていないということである（たとえば民主的正統性や利用可能な情報量の面で制約のある司法府は個々の事件の論点を超えた一般的判断を積極的に示すべきではないという彼の「司法ミニマリズム」（judicial minimalism）は、あくまでアメリカにおける三権分立の状況を前提に展開されている）。

本書の至るところで、読者もそのようなサンスティーンの姿を感じるのではないだろうか。たとえばデフォルト・ルールの設定が問題解決のために有用であることを主張する一方、それが悪質な事業者に利用される危険性も指摘し、一般的な市場においてはその問題が自然に除去されることを主張しつつ、そうならない分野が存在しうることも見逃さない。だが、広い目配りを欠かさない一方で、結論的には適切な規制が必要だという主張のみが提示されることになり、たとえばそこで言う適切性の基準は何か、それは民主政や官僚機構・市場原理などによって解決可能な問題なのかという（とくに理論家が立ち止まるような）疑問は放置されるのだ。

サンスティーンの論文を集めた『熟議が壊れるとき――民主政と憲法解釈の統治理論』（勁草書房、二〇一二年）の解説において編者・那須耕介は、第一に何か単一かつ特権的な基準を与える理論を提示することを、とくに熟議民主政の問題点を指摘するようになった時期以降はサンスティーンが避けるようになっている点、第二にそこで一定の有用性を示す複数の原理を併存的に示すようになっている点、第三にそれらのあいだの優先性などを判断する基準については沈黙して答えなくなっている点を指摘している。那須はその理由を、そのような基準は具体的問題の解決を通じて自ずから示されるものだとサンスティーンが考えていることに求めている。そうかもしれない。あるいはサンスティーンは自らの位置をあくまで代理人《エージェント》＝弁護士《ロイヤー》だと考えており、そのような判断は各政治共同体における民主政を通じて国民がなすべきことなのだ、と考えて沈黙を保っているのかもしれない。

だがサンスティーンの沈黙が意味するものがどちらであれ、選ばないためには選ばないことを誰かが選ばなくてはならないということだけは間違いない――『選択しないという選択』という本書の題名からすれば皮肉なことではあるが。積極的な能動的選択、デフォルト・ルールの設定、簡略な能動的選択、個別化したデフォルト・ルールという異なるレベルのパターナリズムの使い分けや、それぞれにおいてどのような選択肢を用意するか、どの程度のゆらぎ（偶然の出会いとしてのセレンディピティ）を用意するかといったことは、現実の選択者と区別された選択アーキテクトの仕事として位置づけられている。だがその権限を誰に・どの程度委ねるのかというメタレベルの決定は、誰かがあらかじめしておかなければならない。選ばないことを能動的に選択することと、単に何も選択しないこととは異なるのだ。

サンスティーン自身は、それを選択者が行うことを想定しているように思われる（そうでなければ単なるパターナリズムであり、リバタリアンではなくなってしまう）。たとえばさまざまなタイプの購入方法についてその難易度と選択自体の楽しさを考えて分類しながら、「どの欄に何が該当するかは人によって違う」と指摘する。あるいは「デフォルトを隠す必要はないし、また隠すべきではない。操作は回避しなければならず、何事も人の背後で起こるべきではない」として、「選択しないという選択」自体が選択者によって明示的・意識的に行われるべきことを強調している。だが、その際の基礎となるはずの何を選びたいかという選好は、ナッジとは無関係に中立的なものとして形成されるのだろうか。何を選ばないことにするかという選択は、リバタリアン・パターナリズムの影響抜きに行われうるのだろうか。

「最もうまく機能している民主制度においても知識の問題と公共選択の問題は現実に存在する」と、サンスティーンは強調している。民主的アカウンタビリティと市場圧力は問題をある程度除去するだろうが、完全な解決に至るわけではない。メタレベルの決定もまた決定である以上そこに中立的な場所はないし、デフォルト・ルールの存在や機能が隠されるべきではないという決定がそこで遵守されることを保障するものもないのではないだろうか。あるいは、メタレベルにおいてわれわれが現実の選択者としてつねに能動的な選択を行い、通常レベルにおける選択アーキテクトへの権限付与が適切なものか、メタレベルの決定を逸脱していないかを検討し続けない限り、「選択しないという選択」が約束していたはずの価値を維持することはできないのではないだろうか。

あるいは、そうではないのかもしれない。メタレベルにおける選択者としてのわれわれに必要なのはメタレベルにおける選択アーキテクトを選び、われわれの選択を適切に設計することを彼に期待すること、なのかもしれない。そしてその有力な候補は、アメリカにおける統治エリートとしてのサンスティーン自身、なのかもしれない。

複数の選択原理の優先性に関するサンスティーンの沈黙をどのように評価するのか、その微笑みを信頼するのか。「選択しないという選択」を通じて本書がわれわれに問いかけるのは、われわれはこの社会の統治において現実の選択者としてあり続けたいのか、それは可能なのかという問題なのである。

選択しないという選択
ビッグデータで変わる「自由」のかたち

2017年1月20日　第1版第1刷発行
2021年5月10日　第1版第4刷発行

著　者　キャス・サンスティーン
訳　者　伊達《だて》尚美《なおみ》
発行者　井村寿人

発行所　株式会社　勁草《けいそう》書房
112-0005 東京都文京区水道2-1-1　振替　00150-2-175253
（編集）電話 03-3815-5277／FAX 03-3814-6968
（営業）電話 03-3814-6861／FAX 03-3814-6854
平文社・松岳社

ISBN978-4-326-55077-7　Printed in Japan

●著者紹介

キャス・サンスティーン（Cass R. Sunstein）

ハーバード大学ロースクール教授。専門は憲法，法哲学，行動経済学など多岐におよぶ。

1954年生まれ。ハーバード大学ロースクールを修了した後，アメリカ最高裁判所やアメリカ司法省に勤務。1981年よりシカゴ大学ロースクール教授を務め，2008年より現職。オバマ政権では行政管理予算局の情報政策及び規制政策担当官に就任した。リチャード・セイラーとの共著『実践 行動経済学』（日経BP）は全米ベストセラーを記録。ほかの著書として，『インターネットは民主主義の敵か』（毎日新聞社），『最悪のシナリオ』（みすず書房），『熟議が壊れるとき』（勁草書房）などがある。

●訳者紹介

伊達 尚美（だて なおみ）

翻訳家。南山大学卒業，シラキュース大学大学院修士課程修了。訳書にランディ・バンクロフト，ジャク・パトリッシ『別れる？ それともやり直す？』（明石書店），マルコム・グラッドウェル『第1感』（光文社，共訳）など多数。

原　注

はじめに

(1) Benjamin Keys et al., *Failure to Refinance* (2014), つぎで閲覧可, http://www.nber.org/papers/w20401.pdf.

序 章

(1) また，どんな意味であれ選択を要求されることなく，そうしたいかどうかをはっきり尋ねることで，人が選択するように効果的に促される状況を想像することもできる。興味深い経験的結果についてはつぎをみよ。Judd Kessler & Alvin Roth, *Don't Take "No" for an Answer: An Experiment with Actual Organ Donor Registrations* (2014), つぎで閲覧可, http://www.nber.org/papers/w20378 (臓器ドナーとして登録させるにあたり，能動的選択を要求すると，選択肢を提示した場合よりも効果が小さいことが判明している).

(2) RICHARD H. THALER & CASS R. SUNSTEIN, NUDGE: IMPROVING DECISIONS ABOUT HEALTH, WEALTH, AND HAPPINESS 3 (2008).

(3) つぎで閲覧可, http://moreintelligentlife.com/story/david-foster-wallace-in-his-own-words.

(4) 前掲注 2 の Thaler & Sunstein, 6。つぎも参照のこと。Stefano Della Vigna & Ulrike Malmendier, *Paying Not to Go to the Gym*, 96 AM. ECON. REV. 694, 716 (2006) (エクササイズの分野でデフォルト・ルールがどのように利用できるかを明らかにする事例を研究している).

(5) RICCARDO REBONATO, TAKING LIBERTIES 83-86 (2012) (選択の自由を維持する方法の一部は，簡単に取り消せる仕組みがなく，ハード・パターナリズムの形態に似ている。つぎも参照のこと。Cass R. Sunstein, *The Storrs Lectures: Behavioral Economics and Paternalism*, 122 YALE L. J. 1826, 1893-94.

(6) Andrew Caplin & Daniel J. Martin, *Defaults and Attention: The Drop Out Effect* 16-19 (Nat'l Bureau of Econ. Reserch, Working Paper No. 17988,

2012）を参照，つぎで閲覧可，http://www.nber.org/papers/w17988.（情報を与えてくれるデフォルトは，人が「ドロップアウト」して，自分が行う選択にあまり注意を払わないように導くと仮定する）.

(7) Ian Ayres & Robert Gertner, *Filling Gaps in Incomplete Contracts: An Economic Theory of Default Rules*, 99 YALE L. J. 87（1989）. 法律およびその他の分野での，多くの意味合いを持つ仮定についての重要な議論に関しては，つぎをみよ。Edna Ullmann-Margalit, *On Presumption*, 80 J. PHIL. 143（1983）.

(8) Russell Korobkin, *The Status Quo Bias and Contract Default Rules*, 83 CORNELL L. REV. 608, 625-30（1998）（既存のデフォルトが個人の選好をいかに変えるかの議論）. つぎも参照のこと。Samuel Issacharoff, *Contracting for Employment: The Limited Return of the Common Law*, 74 TEX. L. REV. 1783, 1789-90（1996）（雇用主が雇用主と従業員の関係を終わらせる理由を当事者が明示できなかった場合に，慣習法がどのように介入したかを論じる）.

(9) 29 U.S.C. § 626(f)(1)（2006）. この権利は過去の違反については放棄できるが，将来の違反については放棄できない点に注意。

(10) JOHN STUART MILL, ON LIBERTY（2d ed. 1863）, つぎに再掲。THE BASIC WRITINGS OF JOHN STUART MILL: ON LIBERTY, THE SUBJECTION OF WOMEN, AND UTILITARIANISM 3, 11-12（Dale E. Miller ed., 2002）.

(11) DANIEL KAHNEMAN, THINKING, FAST AND SLOW（2011）. 行動経済学と公共政策全般に関してはつぎをみよ。CASS R. SUNSTEIN, SIMPLER: THE FUTURE OF GOVERNMENT（2013）, 前掲注 2 の THALER & SUNSTEIN.

(12) 前掲注 11 の KAHNEMAN.

(13) David A. Rosenbaum et al., *Pre-Crastination: Hastening Subgoal Completion at the Expense of Extra Physical Effort*, 25 PSYCHOL. SCI. 1487（2014）.

(14) David Laibson, *Golden Eggs and Hyperbolic Discounting*, 112 Q. J. ECON. 443, 445（1997）.

(15) 基本的な問題のいくつかについての議論は，つぎをみよ。Pedro Bordalo, Nicola Gennaioli, & Andrei Shleifer, *Salience Theory of Choice Under Risk*, 127 Q. J. ECON. 1243（2012）; Pedro Bordalo, Nicola Gennaioli,

& Andrei Shleifer, *Salience in Experimental Tests of the Endowment Effect*, 102 AM. ECON. REV. 47 (2012).

(16) Ted O'Donoghue & Matthew Rabin, *Choice and Procrastination*, 116 Q. J. ECON. 121, 121–22 (2001); Richard H. Thaler & Shlomo Benartzi, *Save More Tomorrow™: Using Behavioral Economics to Increase Employee Saving*, 112 J. POL. ECON. S164, S168–69 (2004).

(17) TALI SHAROT, THE OPTIMISM BIAS: A TOUR OF THE IRRATIONALLY POSITIVE BRAIN (2011).

(18) たとえば Elizabeth W. Dunn, Daniel T. Gilbert, & Timothy D. Wilson, *If Money Doesn't Make You Happy, Then You Probably Aren't Spending It Right*, 21 J. CONSUMER PSYCHOL. 115 (2011)；Daniel T. Gilbert et al., *Immune Neglect: A Source of Durability Bias in Affective Forecasting*, 75 J. PERSONALITY & SOC. PSYCHOL. 617 (1998).

(19) Cass R. Sunstein & Edna Ullmann-Margalit, *Second-Order Decisions*, 110 ETHICS 5 (1999).

(20) SENDHIL MULLAINATHAN & ELDAR SHAFIR, SCARCITY (2013).

(21) たとえば Anuj K. Shah et al., *Some Consequences of Having Too Little*, 338 SCIENCE 682, 682 (2012)（個人の関心を奪い合う競争およびそれが意思決定に及ぼす影響を取り上げている）. バリー・シュワルツのきわめて啓蒙的な著書 THE PARADOX OF CHOICE (2007) は，「選択に伴う過負荷」の問題を詳しく探り，選択肢は多いよりも少ないほうがしばしば人にとって都合がよいと強く主張する。私の主題はこれとは異なるが，この問題と密接な関係があり，やがて明らかになるように，過剰な選択にかかわるさまざまな問題についてのシュワルツの研究から私は多くを学んだ。

(22) Eric J. Johnson & Daniel G. Goldstein, *Decisions by Default*, in THE BEHAVIORAL FOUNDATIONS OF POLICY 417, 425 (Eldar Shafir ed., 2013)（デフォルト・ルールがどのように臓器の不足を克服し，寄付を促すかを論じている）.

(23) 同上。貯蓄を促すのに，デフォルト・ルールは経済的インセンティブよりはるかに効果が高いことが，ある研究で判明し，これが著者のつぎの提案に反映されている。「つぎの三つの理由により，自動積み立ては補助金よりも貯蓄率の増加に効果がある。(1) 補助金に反応する人は比較的少ない (2) 反応に関してかなりのクラウディングアウト（押し出し）効果が生じる

(3) 少なくとも退職に向けて準備している受動的な個人の貯蓄行動に影響を及ぼさない。Raj Chetty et al., *Active vs. Passive Decisions and Crowdout in Retirement Savings Accounts: Evidence from Denmark* 1 (Nat'l Bureau of Econ. Research, Working Paper No. 13-01, 2012), つぎで閲覧可, http://www.nber.org/aging/rrc/papers/orrc13-01.pdf.

第1章

(1) *Print Management Information*, RUTGERS UNIV., http://www.nbcs.rutgers.edu/ccf/main/print/transition.php (最終更新日 2012年4月11日).

(2) Johan Egebark & Mathias Ekström, *Can Indifference Make the World Greener?* 3 (Research Inst. of Ind. Econ., Working Paper No. 975, 2013), つぎで閲覧可, http://papers.ssrn.com/id=2324922.

(3) Kareen Haggag & Giovanni Paci, *Default Tips*, 6AM. ECON. J.: Applied Econ. 1 (2014).

(4) Eric J. Johnson et al., *Framing, Probability Distortions, and Insurance Decisions* [以下 *Framing*], in CHOICES, VALUES, AND FRAMES 224, 238 (Daniel Kahneman & Amos Tversky eds., 2000). つぎもみよ。Colin F. Camerer, *Prospect Theory in the Wild* (デフォルト・ルールは人がそこから動きたがらない「基準点」を確立すると主張している), in CHOICES, VALUES, AND FRAMES, 前掲, 288, 294-95; CASS R. Sunstein, *Switching the Default Rule*, 77 N.Y.U. L. REV. 106, 113 (2002) (雇用法におけるデフォルト・ルールの効果を説明している).

(5) 前掲注4の Johnson et al., 235-38.

(6) Eric J. Johnson & Daniel G. Goldstein, *Decisions by Default*, in THE BEHAVIORAL FOUNDATIONS OF POLICY 417, 417-18 (Eldar Shafir ed., 2013).

(7) Eric Johnson et al., *Defaults, Framing and Privacy: Why Opting In-Opting Out*, 13 MARKETING LETTERS 5, 9 (2002) (プライバシー保護はデフォルト・ルールの影響をかなり受けることを見出している). つぎもみよ。Rebecca Balebako et al., Nudging Users Towards Privacy on Mobile Devices (2011) (未公刊原稿), つぎで閲覧可, http://www.andrew.cmu.edu/user/pgl/paper6.pdf (プライバシー保護の意思決定におけるデフォルトに関する文献を論評している). 重要な条件についてはつぎをみよ。Lauren

Willis, *Why Not Privacy by Default?*, 29 BERKELEY TECH. L. J. 61 (2014).

(8) 前掲注 4 の Sunstein, 113-14.

(9) RICHARD THALER, QUASI-RATIONAL ECONOMICS (1995).

(10) たとえば Gabriel D. Carroll et al., *Optimal Defaults and Active Decisions*, 124 Q. J. ECON. 1639, 1641-43 (2009)(企業が 401(k)プランへの自動加入に切り替えた場合の結果への影響の研究); William G. Gale, J. Mark Iwry, & Spencer Walters, *Retirement Savings for Middle- and Lower-Income Households: The Pension Protection Act of* 2006 *and the Unfinished Agenda* (401(k)プランへのデフォルト・ルールの影響の研究), in AUTOMATIC 11, 13-14 (William G. Gale et al. eds., 2009); Isaac M. Dinner et al., Partitioning Default Effects: Why People Choose Not to Choose 3 (Nov. 28, 2010)(未公刊原稿), つぎで閲覧可, http://papers.ssrn.com/id=1352488 (「行動しない」場合のデフォルトの考察).

(11) 前掲注 6 の Johnson & Goldstein, 420-21 (「努力税」の研究); つぎもみよ。Jeffrey R. Brown et al., The Downside of Defaults 20-21 (Sept. 16, 2011)(未公刊原稿), つぎで閲覧可, http://www.nber.org/aging/rrc/papers/orrc11-01/pdf (デフォルトの影響の一つの理由として先送りを挙げている).

(12) STEVE KRUG, DON'T MAKE ME THINK REVISITED: A COMMON SENSE APPROACH TO WEB AND MOBILE USABILITY (2014).

(13) Constança Esteves-Sorenson & Fabrizio Perretti, *Micro-Costs: Inertia in Television Viewing*, 122 ECON. J. 867, 868 (2012).

(14) Stephen M. Fleming et al., *Overcoming Status Quo Bias in the Human Brain*, 107 PROC. NAT'L ACAD. SCI. 6005, 6005 (2010).

(15) John Beshears et al., *The Importance of Default Options for Retirement Saving Outcomes: Evidence from the USA* (オプト・インの貯蓄プランの加入者が少ないのは, 最適な貯蓄プランの判断が複雑なためであると主張している), in LESSONS FROM PENSION REFORMS IN THE AMERICAS 59, 74-75 (Stephen Kay & Tapen Sinha eds., 2008).

(16) Jonathan Levav et al., *Order in Product Customization Decisions: Evidence from Field Experiments*, 118 J. POL. ECON. 274, 277 (2010)(「選択の過負荷」が刺激となり, 人は選択することを完全にやめる可能性がある).

(17) Fred Paas, Alexander Renkl, & John Sweller, *Cognitive Load Theory*

and Instructional Design: Recent Developments, 38 EDUCATIONAL PSYCHOLOGIST 1-4 (2003).

(18) Zachary Brown et al., *Testing the Effects of Defaults on the Thermostat Settings of OECD Employees,* 39 ENERGY ECON. 128 (2013).

(19) Brigitte C. Madrian & Dennis F. Shea, *The Power of Suggestion: Inertia in 401(k) Participation and Savings Behavior,* 116 Q. J. ECON. 1149, 1182 (2001)（「従業員は自動加入のもとでのデフォルトの投資配分を，退職に向けた「最適」な資産配分に関する，会社による暗黙の助言とみなす」ため，デフォルト・ルールが収入の一部を配分するものであれば，従業員は401(k)退職プランに投資する可能性が高くなることを示唆している）; Craig R. M. McKenzie, Michael J. Liersch, & Stacey R. Finkelstein, *Recommendations Implicit in Policy Defaults,* 17 PSYCHOL. SCI. 414, 418-19 (2006)（意思決定者に提供されるデフォルト・オプションに政策立案者の選好が反映されており，意思決定者はデフォルトから離れる可能性がないという実験を解説している）. もちろん選択者にとって最善の結果をもたらすという理由ですべてのデフォルトが選ばれているという主張は正しくない。

(20) 前掲注 11 の Brown et al., 3（「判断に際して代案についての適切な情報が不足していることは，デフォルトの可能性の大きな推進力となる」）.

(21) Åsa Löfgren et al., *Are Experienced People Affected by a Pre-Set Default Option - Results from a Field Experiment,* 63 J. ENVTL. ECON. & MGMT. 66 (2012).

(22) 前掲 11 の Brown et al., 19（「デフォルトを選ぶ人の 51.3 パーセントは，デフォルトを選ぶという自分の行動の説明として，情報にかかわる問題を少なくとも一つ選択した」）.

(23) David Tannenbaum & Peter H. Ditto, Information Asymmetries in Default Options 11-17（未公刊原稿），つぎで閲覧可，https://webfiles.uci.edu/dtannenb/www/documents/default%20information%20asymmetries.pdf（大学の教室で行われた研究で，指導員に対する学生の信頼と，課題の締め切りのデフォルトに従うという判断に正の相関関係が見られたことを説明している）.

(24) 同上，17.

(25) 同上，17.

(26) 同上，4.

(27) Daniel Kahneman, Jack L. Knetsch, & Richard H. Thaler, *Experimental Tests of the Endowment Effect and the Coase Theorem*（損失回避の現象を強調している。そこでは「客観的に見て同程度の利益よりも，損失にかかる重みのほうがかなり大きくなる」), in QUASI RATIONAL ECONOMICS 167, 169（Richard H. Thaler ed., 1994）; A. Peter McGraw et al., *Comparing Gains and Losses*, 21 PSYCHOL. SCI. 1438, 1443-44（2010）（利益と損失が同じ状況に置かれる仕事においても，損失回避は見られると結論づけている）. 損失回避の鮮明な証拠は David Card & Gordon B. Dahl, *Family Violence and Football: The Effect of Unexpected Emotional Cues on Violent Behavior*, 126 Q. J. ECON. 103, 105-06, 130-35（2011）に見られる（アメリカンフットボールのひいきのチームが番狂わせで負けた後で，DV が増加するという結果が出ている）。

(28) Tatiana A. Homonoff, Can Small Incentives Have Large Effects? The Impact of Taxes Versus Bonuses on Disposable Bag Use 2-4（Mar. 27, 2013）（未公刊原稿), つぎで閲覧可， http://www.princeton.edu/~homonoff/THomonoff_JobMarketPaper.pdf.

(29) Devin G. Pope & Maurice E. Schweitzer, *Is Tiger Woods Loss Averse? Persistent Bias in the Face of Experience, Competition, and High Stakes*, 101 AM. ECON. REV. 129, 129-57（2011）.

(30) Roland G. Fryer, Jr., et al, *Enhancing the Efficacy of Teacher Incentives Through Loss Aversion: A Field Experiment* 2-3（Nat'l Bureau of Econ. Research, Working Paper No. 18237, 2012), つぎで閲覧可， http://www.nber.org/papers/w18237.

(31) 教師の給与を教師の力量と連動させた米国でのフィールド実験で「その効果はマイナスではないものの，わずかであった」同上，2.

(32) Isaac M. Dinner et al., Partitioning Default Effects: Why People Choose Not to Choose 12-14（Nov. 28, 2010）（未公刊原稿), つぎで閲覧可， http://papers.ssrn.com/id=1352488（「行動しない」場合のデフォルトを検証している).

(33) Yexin Jessica Li et al., *Economic Decision Biases and Fundamental Motivations: How Mating and Self-Protection Alter Loss Aversion*, 102 J. PERSONALITY AND SOC. PSYCHOL. 550（2012). 人が感情をコントロールできるときは損失回避行動も減る。つぎをみよ。Peter Sokol-Hessner et

al., *Emotion Regulation Reduces Loss Aversion and Decreases Amygdala Responses to Losses*, 8 SOC. COGNITIVE AND AFFECTIVE NEUROSCIENCE 341 (2013).

(34) 前掲注 11 の Brown et al., 18-21（デフォルトの影響を説明できるかもしれないさまざまな理由を述べている）.

(35) 罪悪感の役割については，つぎをみよ。Aristeidis Theotokis & Emmanoela Manganari, *The Impact of Choice Architecture on Sustainable Consumer Behavior: The Role of Guilt*, J. BUS. ETHICS (July 19, 2014), つぎで閲覧可，http://link.springer.com/article/10.1007%2Fs10551-014-2287-4（環境保護の分野では，予測される罪悪感が増すので，デフォルトに関してオプト・イン方式よりもオプト・アウト方式のほうが効果があることを見出している）.

(36) 同上。例証については，つぎをみよ。Bjorn Bartling & Urs Fischbacher, *Shifting the Blame: On Delegation and Responsibility*, 79 REV. ECON. STUD. 67 (2012). 責任を回避する方法として，硬貨を投げる方法を好む傾向については，つぎをみよ。Nadja Dwengler et al., Flipping A Coin: Theory and Evidence (2013)（未公刊原稿), つぎで閲覧可，http://papers.ssrn.com/sol3/papers.cfm?abstract_id=235382. つぎの提案を検討せよ，同上，1:「判断に伴う認識または感情のコストは，最適な選択をすることで生じる利益を上回るかもしれない。たとえば意思決定者は熟慮する十分な時間と体力のないときに選択することを好まないかもしれない。あるいはその人は選択する資格がないと感じるかもしれない。それとも選択後に疑念が解明された後で生じるかもしれない自分の選択についての失望の可能性を予期するかもしれない。決定権の一部または全部を放棄することは，概して次善の結果をもたらす可能性を高めるものの，このような状況では望ましいと思われるかもしれない。」

(37) STANLEY MILGRAM, OBEDIENCE TO AUTHORITY: AN EXPERIMENTAL VIEW 1-12 (1974)（別の部屋でボランティアを演じている役者に電気ショックを与える役割を命じられて，電圧を上げるよう指示されてもなお，参加者が命令に従った実験について説明している）.

(38) CASS R. SUNSTEIN, WHY SOCIETIES NEED DISSENT 32-37 (2003)（ミルグラムの実験を要約し，個人が盲目的に専門家に従う顕著な例として検証している）.

(39) たとえばEdward L. Glaeser, *Paternalism and Psychology*, 73 U. CHI. L. REV. 133, 136-39 (2006)（個人の信念や意見がどのように操作されうるかの例を示している）; Joshua D. Wright & Douglas H. Ginsburg, *Behavioral Law and Economics: Its Origins, Fatal Flaws, and Implications for Liberty*, 106 NW. U. L. REV. 1033, 1049 & n. 71 (2012)（企業が認知バイアスをいかに利用しているかを研究した文献を挙げている）.

第2章

(1) 結婚後の名字に関するデフォルトの十分な議論については，一般につぎをみよ。Elizabeth F. Emens, *Changing Name Changing: Framing Rules and the Future of Marital Names*, 74 U. CHI. L. REV. 761 (2007).

(2) 同上，786.

(3) エリザベス・エメンスは結婚後の名字に関して数々の提案をしている。同上，829-36.

(4) プレコミットメントの手段（大嫌いな人の預金口座に特定の金額を入れるといった）の利用については，一般につぎをみよ。IAN AYRES, CARROTS AND STICKS (2010).

(5) John Beshears et al., The Limitations of Defaults (Sept. 15, 2010)（未公刊原稿），つぎで閲覧可，http://www.nber.org/programs/ag/rrc/NB10-02,%20Beshears,%20Choi,%20Laibson,%20Madrian.pdf.

(6) Jeffrey R. Brown et al., The Downside of Defaults (Dec. 13, 2012)（未公刊原稿），つぎで閲覧可，http://www.nber.org/aging/rrc/papers/orrc12-05.pdf.

(7) Erin T. Bronchetti et al., *When a Default Isn't Enough: Defaults and Saving Among Low-Income Tax Filers* 28-29 (Nat'l Bureau of Econ. Research, Working Paper No. 16887, 2011)，つぎで閲覧可，http://www.nber.org/papers/w16887（デフォルトの操作は，個人がもともと還付金を使うつもりでいる場合，貯蓄債権に回される還付金の額に影響しなかったことを説明している）. ただし，この研究の「デフォルト」はオプト・アウトのオプションについて，用紙に記載されていたにすぎない。同上，17-18。このような場合，こうした「デフォルト」の利用と能動的選択のあいだの境界線はかなりうすい。

(8) David Tannenbaum & Peter H. Ditto, Information Asymmetries in

Default Options 11-17 (2014)（未公刊原稿），つぎで閲覧可，http://home.uchicago.edu/~davetannenbaum/documents/default%20information%20asymmetries.pdf.

(9) ABHIJIT BANERJEE & ESTHER DUFLO, POOR ECONOMICS 64-68 (2011)（とくに貧しい人々は現在の少額の報酬と引き替えに，長期的な報酬を得るために必要なわずかなコストを先送りすると説明している），つぎもみよ。Anuj K. Shah et al., *Some Consequences of Having Too Little*, 338 SCIENCE 682-83 (2012)（低所得の個人に対する不注意の影響をいくつか説明している），cf. Jacob Goldin & Tatiana Homonoff, *Smoke Gets in Your Eyes: Cigarette Tax Salience and Regressivity*, 5 AM. ECON. J.: ECON. POL'Y, 302, 331 (2013)（低所得層は富裕層よりも，レジでの会計時に税金により細かく注意を払う）．貧しい人々の心理的能力の消耗における生活物資の不足の効果の議論については，一般につぎをみよ。SENDHIL MULLAINATHAN & ELDAR SHAFIR, SCARCITY: WHY HAVING TOO LITTLE MEANS SO MUCH (2013).

(10) 前掲注 9 の MULLAINATHAN & SHAFIR。

(11) 同上。

(12) ただし，貧しい人々はレジで取り立てられる消費税に独自に注意を払う点に注意。前掲注 9 の Goldin & Homonoff, 331。この結果は，一部の領域で貧しい人々はとくに注意しており，そのためによりオプト・アウトする可能性が高いかもしれないことを示している。

(13) Requirements for Overdraft Services, 12 C.F.R. §205. 17 (2010).

(14) Lauren E. Willis, *When Nudges Fail: Slippery Defaults*, 80 U. CHI. L. REV. 1155, 1174-75 (2013)（規制について説明している）.

(15) 74 Fed Reg 59038 & n.25.

(16) 74 Fed Reg 59044.

(17) 前掲注 14 の Willis, 1186-87.

(18) 同上，1189-92.

(19) 同上，1192.

(20) 同上。

(21) Tatiana Homonoff, *Essays in Behavioral Economics and Public Policy* (Sept. 2013)（未公刊博士論文，Princeton University），つぎで閲覧可，http://www.arks.princeton.edu/ark:/88435/dsp01jw827b79g.

(22) 優れた論考については前掲注 14 の Willis をみよ。

第 3 章

(1) 一流の論考については，つぎをみよ。Edna Ullmann-Margalit, *The Invisible Hand and the Cunning of Reason*, 64 SOC. RES. 181 (1997).

(2) OREN BAR-GILL, SEDUCTION BY CONTRACT: LAW, ECONOMICS AND PSYCHOLOGY IN CONSUMER MARKETS 6-8 (2012)（行動に関する市場の失敗を研究している）. さらに，一部の企業は利益の最大化がかかわらない社会福祉の目標を追求しており，そのことはその企業のデフォルト・ルールの選定にかかわるかもしれない。

(3) たとえば MATTHEW D. ADLER, WELL-BEING AND FAIR DISTRIBUTION: BEYOND COST-BENEFIT ANALYSIS 1-11 (2012)（社会福祉関数(SWF)を紹介し，政府やその他の組織による大規模な選択を評価するために SWF の方法を採用するべきであると主張している）.

(4) CASS R. SUNSTEIN, LEGAL REASONING AND POLITICAL CONFLICT 35 (1996)（理論が食い違うなかで結論についての意見をまとめる方法として，完全には理論化されていない合意を探っている）.

(5) N. Craig Smith et al., *Smart Defaults: From Hidden Persuaders to Adaptive Helpers* 15-16 (INSEAD, Working Paper No. 2009/03/ISIC, 2009), つぎで閲覧可, https://flora.insead.edu/fichiersti_wp/inseadwp2009/2009-03.pdf（「能動的選択をする場合に大半の人が示す選好にデフォルトが設定された」ときに最大数の人に利益がもたらされると指摘している）.

(6) Elizabeth F. Emens, *Changing Name Changing: Framing Rules and the Future of Marital Names*, 74 U. Chi. L. REV. 761, 834-36 (2007)（男女で異なる法的なデフォルトを設定することが，どのように憲法上の問題を生じるかを論じている）.

(7) この点で，結婚後の名字の分野は人種に基づく養子縁組の方針の分野と重なる。つぎをみよ。R. Richard Banks, *The Color of Desire: Fulfilling Adoptive Parents' Racial Preferences Through Discriminatory State Action*, 107 YALE L. J. 875, 877-82 (1998)（養子縁組における「人種のマッチング」をめぐるかなり異なる見解を論じている）.

(8) Ian Ayres & Robert Gertner, *Filling Gaps in Incomplete Contracts: An Economic Theory of Default Rules*, 99 YALE L. J. 87, 91-95 (1989)（ペナル

ティ・デフォルトが情報を明らかにすることを説明し，ペナルティ・デフォルトの効果を分析する方法を提示している).

(9) RICHARD B. FREEMAN & JOEL ROGERS, WHAT WORKERS WANT 118-22 (1999)（労働人口における個人を調査して，これらの個人は職場で利用できる保護策についてしばしば誇張することを見出している).

(10) Samuel Issacharoff, *Contracting for Employment: The Limited Return of the Common Law*, 74 TEX. L. REV. 1783, 1792-94 (1996)（情報共有を進めるペナルティ・デフォルト・ルールを支持している).

(11) 16 C.F.R. § 425.1 (2012)（事前通知送りつけ商法の利用を規制している); FTC, NEGATIVE OPTIONS 2 (2009), つぎで閲覧可，http://www.ftc.gov/os/2009/02/P064202negativeoptionreport.pdf（送りつけ商法に分類できる 4 種類のプランを説明している).

(12) 前掲注 11 の FTC, 5（送りつけ商法によって引き起こされるさまざまな問題を論じている)。

第 4 章

(1) 関連する議論については，つぎをみよ。Edna Ullmann-Margalit, *Revision of Norms*, 100 ETHICS 756 (1990).

(2) Young Eun Huh et al., *Social Defaults: Observed Choices Become Choice Defaults*, 41 J. CONS. RES. 746 (2014).

(3) Gabriel D. Carroll et al., *Optimal Defaults and Active Decisions*, 124 Q. J. ECON. 1639, 1670 (2009)（能動的選択を試した 401(k)の実験の結果を説明している). しかし，つぎをみよ。Judd Kessler & Alvin Roth, *Don't Take "No" for an Answer: An Experiment with Actual Organ Donor Registrations* (Nat'l Bureau of Econ. Research, Working Paper No. 20378, 2014)（ヒントを与えられた選択は，能動的選択を要求されるよりも，臓器提供の水準を引き上げることを見出している).

(4) これが望ましいかどうかはもちろん別の問題である。情報は公共財であり，プライバシーを保護するための個々に理にかなった判断がもたらす情報は，望ましい量を下回るかもしれない。つぎをみよ。Eric Johnson et al., *Defaults, Framing and Privacy: Why Opting In-Opting Out*, 13 MARKETING LETTERS 5 (2002). 経験に関する複雑さについては，つぎをみよ。Lauren E. Willis, *Why Not Privacy by Default?*, 29 BERKELEY TECH. L. J. 61

(2014).

(5) 前掲注3の Kessler & Roth。

(6) Punam Anand Keller et al., *Enhanced Active Choice: A New Method to Motivate Behavior Change*, 21 J. CONSUMER PSYCHOL. 376, 378 (2011)(「拡張された能動的選択」は好ましくない代案に伴う損失を強調することによって，好ましい選択肢はどれかを伝え，「基本の能動的選択」よりも選択者が影響されやすくなると主張している).

(7) 同上，379.

(8) 能動的選択を研究テーマにしている，もしくはこのテーマにかかわる意味合いを含んでいる文献がますます増えている。つぎをみよ。Bruce Carlin et al., Libertarian Paternalism Information Sharing, and Financial Decision-Making 5 (Mar. 12, 2013)(未公刊原稿), つぎで閲覧可，http://faculty.haas.berkeley.edu/manso/liberty.pdf (社会的学習および自己修正行動の発達を妨げないリバタリアン・パターナリズムの賢明な利用に賛成している).

(9) Friedrich Hayek, *The Market and Other Orders*, in THE COLLECTED WORKS OF F. A. HAYEK 384 (Bruce Caldwell ed., 2013).

(10) JOSEPH RAZ, THE MORALITY OF FREEDOM (1985).

(11) Ernst Fehr et al., *The Lure of Authority: Motivation and Incentive Effects of Power*, 103 AM. ECON. REV. 1325, 1326 (2013).

(12) Jeffrey Cockburn, Anne G. E. Collins, & Michael J. Frank, *A Reinforcement Learning Mechanism Responsible for the Valuation of Free Choice*, 83 NEURON 551 (2014).

(13) しかし，臓器提供の場面では，ヒントを示された選択は，要求された選択よりも効果的であるという主旨の前掲注3の Kessler & Roth の興味深い結果を思い出してほしい。

(14) Friedrich Hayek, *The Use of Knowledge in Society*, 35 AM. ECON. REV. 518, 524 (1945).

(15) James Choi et al., *Defined Contribution Pensions: Plan Rules, Participant Decisions, and the Path of Least Resistance*, in TAX POLICY AND THE ECONOMY (James Poterba ed., 2002).

(16) JOHN STUART MILL, ON LIBERTY 102 (2d ed., 1869) (1859).

(17) 同上。

(18) Eleanor A. Maguire et al., *Navigation-Related Structural Changes in the*

Hippocampi of Taxi Drivers, 97 PROC. NAT'L ACAD. SCI. 4398 (2000).
(19) ALDOUS HUXLEY, BRAVE NEW WORLD xii (1931).
(20) 同上，163.
(21) DANIEL LEVITIN, THE ORGANIZED MIND 14 (2014).
(22) この主旨での拡張された議論についてはつぎをみよ。CASS R. SUNSTEIN, REPUBLIC. COM (2001).
(23) Cosimo Birtolo et al., *Personalized Suggestions by Means of Collaborative Filtering: A Comparison of Two Different Model-Based Techniques*, Nature and Biologically Inspired Computing (NaBIC), 2011 Third World Congress on IEEE, 2011.
(24) JANE JACOBS, THE DEATH AND LIFE OF GREAT AMERICAN CITIES (1961).
(25) この点を主張しているエイドリアン・バーミュールに感謝したい.
(26) N. Craig Smith et al., *Choice Without Awareness*, 32 J. PUB. POL'Y & MARKETING 159, 161 (2013).

第5章

(1) 選択の回避を生む場合の情報不足の影響については，つぎをみよ。Tom Coupe & Abdul Noury, *Choosing Not to Choose: On the Link Between Information and Abstention*, 84 ECON. LETTERS 261 (2004).
(2) 証明については，つぎをみよ。Björn Bartling & Urs Fischbacher, *Shifting the Blame: On Delegation and Responsibility*, 79 REV. ECON. STUD. 67 (2012).
(3) Ziv Carmon et al., *Option Attachment: When Deliberating Makes Choosing Feel Like Losing*, 30 J. CONST. RES. 15 (2003).
(4) Simona Botti & Christopher Hsee, *Dazed and Confused by Choice*, 112 ORG. BEHAV. AND HUM. DECISION PROCESSES 161 (2010).
(5) 貴重な議論がつぎに示されている。Barbara Fried, *But Seriously, Folks, What Do People Want?*, 65 STAN. L. REV. 1529 (2013).
(6) 選択には本質的に価値がある，と人々が信じていることを示す有力な証拠については，つぎをみよ。Björn Bartling et al., *The Intrinsic Value of Decision Rights* (U. of Zurich, Dep't of Econ. Working Paper No. 120, 2013), つぎで閲覧可，http://papers.ssrn.com/sol3/papers.cfm?abstract_id=2255992.

またつぎもみよ。Ricardo Rebonato, *A Critical Assessment of Libertarian Paternalism*, 37 J. CONSUMER POL'Y 357, 382 (2014)（「結果そのものと選択の全過程（結果に加えて，選択する能力など）との重要な区別をまったくしない（もしくはめったに区別しない）ことは，自主性を好意的に扱ったリバタリアン・パターナリズムの文献が広く欠けていることの根本原因である」）.

(7) 比較的多様な人口構成にわたる，判断する権限の本質的な価値に対する一般的な関与について判明した結果については，つぎをみよ。前掲注6のBartling et al.。

(8) Ernst Fehr et al., *The Lure of Authority: Motivation and Incentive Effects of Power*, 103 AM. ECON. REV. 1325 (2013).

(9) SHARON BREHM & JACK BREHM, PSYCHOLOGICAL REACTANCE: A THEORY OF FREEDOM AND CONTROL (1981)；Louisa Pavey & Paul Sparks, *Reactance, Autonomy and Paths to Persuasion: Examining Perceptions of Threats to Freedom and Informational Value*, 33 MOTIVATION & EMOTION 277 (2009).

(10) Edna Ullmann-Margalit, *Family Fairness*, 73 SOC. RES. 575 (2006).

(11) 私はこの言葉を純粋に正式な意味で理解し，人は何を選好するかという質問に対する反応をとらえた言葉と考える。「選択」という言葉をより機能的な意味で理解して，硬貨を投げる方法に近い，単にそこにあるものを「取得」する行為と区別して，根拠にもとづいて判断する行為，ととらえることができる。重要な議論については，つぎをみよ。Edna Ullmann-Margalit & Sidney Morgenbesser, *Picking and Choosing*, 44 SOC. RES. 757 (1977). 私がここで理解しているように，能動的選択は「取得」を含み，これは人が事前に選好を示さない場合にさえ起こりうる。

(12) Lisa Hill, *Low Voter Turnout in the United States: Is Compulsory Voting a Solution*, 18 J. THEORETICAL POL. 207, 208 (2006).

(13) Joel Waldfogel, SCROOGENOMICS: WHY YOU SHOULDN'T BUY PRESENTS FOR THE HOLIDAYS (2009)（家族や親友でさえ，クリスマス前のプレゼント選びで大失敗することを示している）.

(14) 臓器提供の事例では反論がある。たとえば2007年，臓器提供全体の約二割がバイクによる交通事故であった。つぎをみよ。Stacy Dickert-Conlin et al., *Donorcycles: Motorcycle Helmet Laws and the Supply of Organ Donors*,

54 J. L. & ECON. 907, 912 (2011).

(15) Keith M. Marzilla Ericson & Andreas Fuster, *The Endowment Effect* (Nati'l Bureau of Econ. Research, Working Paper No. 19384, 2013), つぎで閲覧可，http://www.nber.org/papers/w19384.

(16) Isabel Marcin & Andreas Nicklisch, *Testing the Endowment Effect for Default Rules* (2014), つぎで閲覧可，http://papers.ssrn.com/sol3/papers.cfm?abstract_id=2375107.

(17) エンタイトルメント（権利の付与）はなんらかの判断の結果ではなく，ある種の「自生的秩序」の産物である可能性を，私はとりあえず保留する。

(18) Peter Bowal, *Reluctance to Regulate: The Case of Negative Option Marketing*, 36 AM. BUS. L. J. 377, 378-79 (1999).

(19) この効果の証拠については，つぎをみよ。Natasha Singer, *Listen to Pandora, and It Listens Back*, N.Y. TIMES, Jan. 5, 2014, at BU3, つぎで閲覧可，http://www.nytimes.com/2014/01/05/technology/pandora-mines-users-data-to-better-target-ads.html?hpw&rref=technology&_r=2&, とくにつぎの一節を検討のこと。「たとえばつぎの連邦選挙の期間中に，カントリー音楽，コメディアン，あるいはキリスト教楽団にチューニングするパンドラの利用者には，連邦議会の共和党候補の音声または画像の広告が流れるかもしれない。ヒップホップあるいはベルリン・フィルハーモニーなどのクラシック音楽を聴くそのほかの利用者には，民主党候補者の広告が流れるかもしれない」，同上。

(20) 前掲注6のBartling et al.。ほかの条件が同じなら，人はしばしば「イエス」と答え，判断する権利には本質的に価値があるという結論を支持することを示している。われわれはこの結論に同意できるが，一方で，場合によってはこの本質的価値よりも権利を委任することの有益な価値が上回ると主張する（たとえば，人が間違えると確信していたり，忙しい場合）。

(21) たとえばPATERNALISM (Christian Coons & Michael Weber eds., 2013)；GERALD DWORKIN, THE THEORY AND PRACTICE OF AUTONOMY (1988).

(22) とくにパターナリズム的手段にかかわる関連する貴重な議論については，つぎをみよ。B. Douglas Bernheim & Antonio Rangel, *Beyond Revealed Preference: Choice Theoretic Foundations for Behavioral Welfare Economics*, 124 Q. J. ECON. 51 (2009).

(23) 前掲注 6 の Rebonato は，とくに有益な議論である。

(24) 選択を無効にすることは必ずしも敬意の欠如を伴わない，と示唆する啓蒙的で懐疑的な議論は，つぎをみよ。ARAH CONLY, AGAINST AUTONOMY: JUSTIFYING COERCIVE PATERNALISM 1-7 (2012).

(25) Cass R. Sunstein & Edna Ullmann-Margalit, *Second-Order Decisions*, 110 ETHICS 5 (1999).

(26) Esther Duflo, *Tanner Lectures on Human Values and the Design of the Fight Against Poverty* (May 2, 2012), http://economics.mit.edu/files/7904.

(27) George Loewenstein et al., Warning: You Are About to Be Nudged (2014)（未公刊原稿），つぎで閲覧可，http://papers.ssrn.com/sol3/papers.cfm?abstract_id=2417383. 関連する議論については，つぎをみよ。Gidon Felsen et al., *Decisional Enhancement and Autonomy: Public Attitudes Toward Overt and Covert Nudges*, 8 JUDGMENT AND DECISION MAKING 203 (2012).

(28) 関連する議論については，つぎをみよ。Amitrajeet Batabyal, *On the Likelihood of Finding the Right Partner in an Arranged Marriage*, 30 J. SOCIO-ECON. 273 (2001)；前掲注 24 の CONLY。

(29) 前掲注 24 の CONLY。

(30) ULRICH HOFFRAGE, *Overconfidence*, in COGNITIVE ILLUSIONS: A HANDBOOK ON FALLACIES AND BIASES IN THINKING, JUDGMENT, AND MEMORY 235 (Rudiger F. Pohl ed., 2012).

(31) 前掲注 4 の Botti & Hsee, 161.

(32) BARRY SCHWARTZ, THE PARADOX OF CHOICE: WHY MORE IS LESS (2003).

(33) Jennifer Arlen & Stephan Tontrup, *Does the Endowment Effect Justify Legal Intervention?: The Debiasing Effect of Institutions*, 44 J. LEGAL STUD. (forthcoming).

(34) Emily Pronin et al., *Bias Blind Spot: Perceptions of Bias in Self Versus Others*, 3 PERSONALITY AND SOC. PSYCHOL. BULLETIN 369 (2002).

(35) 大要については，つぎをみよ。DANIEL KAHNEMAN, THINKING, FAST AND SLOW 253-55 (2011).

(36) 前掲注 24 の CONLY。

(37) 惰性に関しては，つぎをみよ。Punam Anand Keller et al., *Enhanced*

Active Choice: A New Method to Motivate Behavior Change, 21 J. CONS. PSYCH. 376, 377-78 (2011).

(38) 市場を一種の自生的秩序とみなすことができるかどうか，あるいは市場を意識的な設計の産物とみなすべきかどうかについて，私はとりあえず保留する。貴重な議論は，つぎをみよ。Edna Ullmann-Margalit, *Invisible Hand Explanations*, 39 SYNTHESE 263 (1978).

(39) ALBERT HIRSCHMANN, THE PASSIONS AND THE INTERESTS (1997).

(40) JOSEPH RAZ, THE MORLITY OF FREEDOM (1986)；卓越主義的リベラリズムは，つぎで批判されている。JOHN RAWLS, POLITICAL LIBERALISM (1991).

(41) Susan Parker, *Esther Duflo Explains Why She Believes Randomized Controlled Trials Are So Vital*, CTR. FOR EFFECTIVE PHILANTHROPY (June 23, 2011), http://www.effectivephilanthropy.org/blog/2011/06/esther-duflo-explains-why-she-believes-randomized-controlled-trials-are-so-vital/ (オリジナルを変更).

(42) 判断疲れについては，同上；Jonathan Levav et al., *Order in Product Customization Decisions: Evidence from Field Experiments*, 118 J. POL. ECON. 274, 287, 290 (2010).

(43) Lauren Willis, *The Financial Education Fallacy*, 101 AM. ECON. REV. 429 (2011).

(44) Eric Johnson & Dan Goldstein, *Do Defaults Save Lives*, 302 SCIENCE 1338 (2003). ここではこの問題に関する私の立場は明らかにしない。多くの国では，推定同意が信頼できると家族がみなさないので，なおさら能動的選択のほうがましである。

(45) EDNA ULLMANN-MARGALIT, THE EMERGENCE OF NORMS (1976).

(46) 前掲注2のBartling & Fischbacher。著者らはつぎの結果を見出している。「独裁者が決定権を委任し，委任された相手が不正な選択をする場合，主に委任された相手が処罰を受け，独裁者はおおかた許される。……権利を委任した相手が罰せられる場合と罰せられない場合の両方の待遇を実施することで，処罰の回避が決定権を委任する動機となるかどうかをこの実験計画によってテストすることができる。委任された相手に処罰をもって対処する場合

は，処罰の機会がない場合と比べて，決定権を委任する割合が 3 倍になり，独裁者の処罰の回避が動機となることがはっきりと確認された」同上，69。

(47) Jeffery Cockburn et al., *A Reinforcement Learning Mechanism Responsible for the Valuation of Free Choice*, 83 NEURON 1 (2014).

(48) Tali Sharot et al., *Do Decisions Shape Preferences? Evidence from Blind Choice*, 21 PSYCHOL. SCI. 1231 (2010).

第 6 章

(1) 一般につぎをみよ。Gokul Chittaranjan et al., Mining Large-Scale Smartphone Data for Personality Studies (Oct. 14, 2011)（未刊行原稿），つぎで閲覧可，http://publications.idiap.ch/downloads/papers/2011/Chittaranjan_PUC_2012.pdf（スマートフォンのデータから導き出した行動の特徴と，自己申告した性格の特徴の関係を分析している）。

(2) CASS R. SUNSTEIN, REPUBLIC. COM 2.0 94 (2007)；ELI PARISER, THE FILTER BUBBLE: HOW THE NEW PERSONALIZED WEB IS CHANGING WHAT WE READ AND HOW WE THINK (2012).

(3) JOSEPH TUROW, THE DAILY YOU: HOW THE NEW ADVERTISING INDUSTRY IS DEFINING YOUR IDENTITY AND YOUR WORTH (2013).

(4) 一般につぎをみよ。CASS R. SUNSTEIN, GOING TO EXTREMES 2 (2008)（「似た嗜好を持つ人々の集団にいることに気づくと，人はとくに極端に傾きやすい」ことを説明している）.

(5) Jeffrey R. Brown et al., *The Downside of Defaults* (Nat'l Bureau Econ. Res., Working Paper No. 12-05, 2012)，つぎで閲覧可，http://www.nber.org/aging/rrc/papers/orrc12-05.pdf.

(6)「個別化した価格」を生む可能性によって，特殊な問題が持ち上がるかもしれない。典型的な価格設定システムは，商品あるいはサービスに対して単一の価格をつける。その金額を支払わされる人々が，まったく同じ品目に対してかなり幅のある金額を喜んで支払うとしても，その状況は変わらない。スミスは同じタブレットあるいは食事に対して，ジョーンズよりもかなり多く支払う気があるかもしれない。ことによるとスミスはより裕福なのかもしれないし，それともスミスの好みがより強いのかもしれない。個別化した価格の可能性によって生じるさまざまな問題は，別途議論するのがふさわしい。

(7) プライバシーに関する保護措置の一つに，一定の期間が過ぎたら個人情報を保持し続けないという方法があるかもしれない。おそらく選好を示すように本人に尋ねることができるかもしれない（すなわち，情報の保持に関して能動的選択をさせる）。あるいは個別化していないデフォルト（たとえば，そうしてほしくないという意思を示さなければ情報を保持する，もしくはその逆）または個別化したデフォルトを示すこともできる。

(8) Gopi S. Goda & Coleen F. Manchester, *Incorporating Employee Heterogeneity into Default Rules for Retirement Plan Selection* 29 (Nat'l Bureau Econ. Res., Working Paper No. 16099, 2010), つぎで閲覧可，http://www.nber.org/papers/w16099（デフォルトのプランが加入者の年齢に応じて変わる場合の，退職プランの選択への影響を研究している）。

(9) 同上（「観察可能な特徴によってデフォルトを変更することで，かなりの福祉利益が見込める」）。

第7章

(1) Stephen Lawson, *Wal-Mart to Send Automated Shopping Lists to Its Mobile App*, TechHive (May 22, 2013, 2:20 PM), http://www.techhive.com/article/2039564/walmart-to-send-automated-shopping-lists-to-its-mobile-app.html; *Walmart to Send Automated Shopping Lists to Its Mobile App*, RETAILCUSTOMEREXPERIENCE. COM (May 28, 2013), http://www.retailcustomerexperience.com/news/walmart-to-add-automatic-shopping-lists-to-its-mobile-app/.

(2) FRESHUB, http://www.freshub.com/clients/（最終閲覧 Oct. 15, 2014).

(3) Robert Letzler & Joshua Tasoff, *Everyone Believes in Redemption: Overoptimism and Defaults* (Working Paper, 2013), つぎで閲覧可，http://papers.ssrn.com/sol3/papers.cfm?abstract_id=2066930.

(4) ELIZABETH DUNN & MICHAEL NORTON, HAPPY MONEY (2013).

(5) つぎに引用されている。Michael Lewis, *Obama's Way* (Oct. 12, 2012), つぎで閲覧可，http://www.vanityfair.com/politics/2012/10/michael-lewis-profile-barack-o.

第8章

(1) SARAH CONLY, AGAINST AUTONOMY (2012), Ryan Bubb &

Richard Pildes, *How Behavioral Economics Trims Its Sails and Why*, 127 HARV. L. REV. 1593 (2014).

(2) 選択の自由は，いかなる妥当な説明においても，社会福祉の重要な要素である。つぎをみよ。Daniel J. Benjamin et al., *Beyond Happiness and Satisfaction: Toward Well-Being Indices Based on Stated Preference*, 104 AM. ECON. REV. 2698 (2014); Björn Bartling et al., *The Intrinisic Value of Decision Rights* (U. of Zurich, Dep't of Econ. Working Paper No. 120, 2013), つぎで閲覧可，http://papers.ssrn.com/sol3/papers.cfm?abstract_id=2255992. 基本的な問題の貴重な議論については，つぎをみよ。Matthew Adler, WELL-BEING AND FAIR DISTRIBUTION: BEYOND COST-BENEFIT ANALYSIS (2011).

(3) George Loewenstein et al., Warning: You are About to Be Nudged (2014)(未公刊原稿).

(4) 前掲注 1 の Bubb & Pildes。

(5) Shlomo Benartzi & Richard H. Thaler, *Behavioral Economics and the Retirement Savings Crisis*, 339 SCIENCE 1152 (2013). 前掲注 1 の Bubb & Pildes, 自動掛金引上方式を採用した後でさえ，一般的な最大拠出率はまだ低すぎるかもしれないが，この問題も最大拠出率を上げさえすれば，リバタリアン・パターナリズムの範疇に収まりうることに注意。

(6) 2009 年に，自動加入方式のプランの 50 パーセントが自動掛金引上方式を採用した。2012 年には 71 パーセントが採用した。つぎをみよ。Employers Expressing Doubt in Retirement Readiness of 401(k) Plan Participants, Towers Watson Survey Finds, つぎで閲覧可，https://www.towerswatson.com/en/Press/2012/10/employers-expressing-doubt-in-retirement-readiness-of-401k-plan-participants.

(7) 個人のレベルで，デフォルトに誘導された改善された選択は，逆選択をひどく悪化させることで社会福祉を損なう可能性がある，という重要な研究成果に注目のこと。つぎをみよ。Benjamin Handel, *Adverse Selection and Inertia in Health Insurance Markets: When Nudging Hurts*, 102 AM. ECON. REV. 2643 (2013).

(8) CASS R. SUNSTEIN, SIMPLER (2013).

(9) Nat'l High. Traf. Safety Administration, *Final Regulatory Impact Analysis: Corporate Average Fuel Economy for MY* 2017–*MY* 2025, August

2012, table 13.

(10) Xavier Gabaix & David Laibson, *Shrouded Attributes, Consumer Myopia, and Information Suppression in Competitive Markets*, 121 Q. J. ECON. 505, 511 (2006).

(11) Light-Duty Vehicle Greenhouse Gas Emission Standards and Corporate Average Fuel Economy Standards; Final Rule, Part II, 75 Fed Reg 25,324, 25,510-11 (May 7, 2010), つぎで閲覧可, http://www.gpo.gov/fdsys/pkg/FR-2010-05-07/pdf/2010-8159.pdf.

(12) Hunt Allcott & Michael Greenstone, *Is There an Energy Efficiency Gap?*, 26 J. ECON. PERSP. 3 (2012).